U0004596

呷小吃，知台味

101道台灣小吃，
讓你知道在地古早味背後的故事

沈慈雅 編著

晨星出版

台灣小吃，就是讚

　　台灣獨特的地理位置，從大航海時代開始，即是兵家必爭之地，荷蘭、葡萄牙、西班牙先後帶入他們的文化，而明鄭時期帶入漢人文化，之後又因日本統治而融入日本文化，國民政府來台後，又帶來了眷村文化。直至現在，隨著東南亞移工的到來，也引進些許東南亞文化。隨著不同族群的到來，許多料理手法、飲食方式也隨之來台，並在台灣落地生根。

　　不同的文化，為台灣注入源源不絕的活水，也讓台灣人擁有十足的創造力。加上台灣地跨亞熱帶與熱帶，地形垂直高度落差接近四千公尺，擁有豐富的物種，在飲食上，不僅讓台灣成為美食天堂，也造就了各式各樣的庶民小吃。

　　早期的小吃是以方便取得的食材製成分量較小的餐點，主要是在正餐間食用，用來補充體力。因為分量較少所以價格相對低廉，大多數的人都負擔得起。隨著時代演進，烹調手法愈來愈繁複，小吃也越來越精緻，跳脫只求果腹的作用，成為美食的一環。在國際間，「台灣小吃」也成為行銷利器，許多外國人到台灣觀光，都備有必嘗的小吃名單，成為重要的觀光資源。

　　在台灣的我們非常幸運地被各種美食包圍，這些食物不僅是我們的生活，也代表我們的歷史與文化，本書主要從歷史與文化的角度切入，追尋小吃的身世。每道食物都猶如有機體，它承載了過去，也不斷融入新的元素，跟隨我們的腳步了解食物來龍去脈，就猶如偵探解謎般有趣。

　　撰文時，本書已盡量提出每道小吃的由來，然而隨著更多的史料或研究，未來或許會有更接近事實的緣由，所以我們也扮演拋磚引玉的角色，期盼更多人參與小吃的探究之旅。

　　在台灣不計其數的美味小吃中，我們從中挑選了101種，分為米麵食類、湯品、飲品、點心、伴手禮五大類，介紹台灣四大族群的特色小吃。希望在有限的文字中，帶大家了解台灣小吃的故事。

作者　沈慈雅

編 輯 的 話
萬方協助的美食之旅

　　在台灣，民以食為天，外國可以批評台灣的交通，但只要批評飲食幾乎都會成為在網路上的引戰話題，可見台灣人有多重視吃。我自己也喜歡小吃，尤其小吃背後反映的是在地歷史，我有一個關於小吃的經驗法則，是歷史愈悠久的地方，幾乎食物品質就愈高，如台南、彰化等地方，都有歷史悠久且美味的在地小吃。這次能編這樣一本收錄101道台灣小吃的書，展現這些在地小吃背後的故事，不僅感到相當高興，也受益良多。

　　這本書可以出版，首先必須感謝沈慈雅的編撰，與王韻潔的企劃、部分文章書寫。再來有關書籍圖片部分，這裡還得特別感謝兩人，一是開在宜蘭礁溪的玉仁八寶冬粉，他們慷慨地提供自己的照片，讓這本書得以收錄，本書第一篇〈八寶冬粉〉中有介紹他們的故事，歡迎大家去礁溪泡溫泉時也順便品嚐這道在地美味；再來是台南人劉恬寧小姐，感謝他數次帶親友吃台南有名的在地小吃「香

腸熟肉」時都有拍下高品質美照，讓本書得以收錄，我也好想早餐就吃這樣的小吃啊。

此外，書中有些圖片是我親身去拍攝。晨星是位在台中的出版社，因此如大麵羹等台中小吃，自然是直接去最有名的店面拍攝（題外話，曾獲選為必比登小吃的英才大麵羹，真的是我吃過最好吃的大麵羹）。而竹山蕃薯包等小吃，我更是直接騎摩托車，從台中殺去南投竹山拍攝，竹山的蕃薯包與意麵都很不錯且獨特，確實是出竹山後就難以再吃到同樣的美味了。因為編了這本書，我才親身走過許多小吃所在的地點，大開眼界，感謝這本書讓我走一趟美食之旅。

編輯　許宸碩

米｜麵｜食｜類

壹

湯│品│類

貳

目 錄

呷小吃・知台味

鹹｜點｜類

參

甜|點|類

肆

目 錄

呷小吃‧知台味

飲│品│類

伍

伴｜手｜禮｜類

目　錄

呷小吃，知台味

壹

米麵食類

001

八寶冬粉

來自火鍋的靈感

八寶冬粉的創始店是基隆廟口的金茶壺，它源自冬天圍爐時的火鍋，創始人陳金元覺得若能把分量從一鍋改成一碗，就能讓一個人也能品嚐美味。當時大約是1960年，勞動工作者很需要下班後可以飽食一頓，八寶冬粉配料豐盛，俗又大碗，推出後果然大受歡迎。

其實，八寶冬粉裡面的食材可不只八種，「八寶」只是要取好兆頭之名。光是肉眼可見的就有肉焿、花枝焿、香菇、金針、木耳、筍絲、蝦米、芹菜了。湯頭要慢火精燉豬大骨來熬，煮製時加入所有食材及冬粉，滋味鮮美香醇，而且不顯油膩。食材上，不僅乾貨要新鮮，冬粉更要選擇純綠豆製，綠豆澱粉比較不吸水，吃起來較有嚼感，煮久也較不會斷裂。烹煮時，要採取隔水加熱的方式，才能維持冬粉Q彈的口感。

八寶冬粉在另一個冬雨之處更出名。在宜蘭礁溪已傳承兩代的「玉仁八寶冬粉」曾入選台灣小吃百大名店。老闆娘林寶玉不僅遵循古法用心熬製大骨湯頭，更善用宜蘭東北角的海洋資源打魚漿，手工製作肉羹、花枝羹，成為八寶冬粉內鮮美的配料，營業至今近三十年已演變成獨有的宜蘭口味，與基隆本家有微妙不同之處。此外，他們也自行炒製炸醬，販售宜蘭在地有名小吃炸醬麵，更顯在地風采。若有去礁溪，你不僅能泡溫泉，更可以來一嚐豐富的海陸滋味喔！

八寶冬粉吃起來較清爽，可以依照自己喜好添加調味料。不過，不妨先嘗一口原味湯頭，再依喜好添加烏醋、辣椒，享受各種層次的美味。店家亦提供麵和手工粿仔的選項，有別於冬粉的風味，也令人回味無窮。

地點：基隆、宜蘭

圖片版權：玉仁八寶冬粉提供
玉仁八寶冬粉1店（有免費停車場）
地址：宜蘭縣礁溪鄉中山路一段326號
電話：03-9881232

小吃 B O X

地域限定的美味

八寶冬粉僅在基隆、汐止、礁溪等冬
雨旺盛之處有知名店家，但是離開這
些地區，似乎就沒有販售的店家了，
有別於其他小吃總是全台都有，這個
現象是不是十分特別呢？

002

北港煎盤粿

盛一盤濃濃人情

「煎一盤粿來呷！」這句話喚醒了雲林北港一帶的早晨，「煎盤粿」一名就是因許多客人到店裡點餐會這麼說，久而久之就成為這道小吃的代稱，伴隨煎台的鏗鏘聲響及熙來攘往的早市景象，享用此一別具在地特色的台式早餐的同時，更能趁機感受北港當地的生活樣貌。

台灣盛產稻米，在先民們以米為主食的常日中，也用盡巧思製作出各種米製品，吃「粿」一來能讓勞動階級有飽足感，二來還可作為祭拜供品，於是簡單的「煎盤粿」便在農業、信仰均興盛的北港，成為在地人一日活力的來源，更是遊子朝思暮想的美味鄉愁。

「粿」是這道濃濃古早味早餐的主角，選用台灣在來米製成，將在來米洗淨後磨成米漿，後於米漿中加入太白粉及水不斷攪拌就可以送進蒸籠，經過4小時中火炊製成型，鬆軟的米粿就出爐了！店家通常會將粿切成小塊，待客人點餐後就放上鐵板煎製，將外皮煎得「赤赤」（tshiah- tshiah，音近華語「恰恰」）即可起鍋。

除了「煎粿」之外，一般還會搭配自灌的糯米腸、香腸、滷小腸、荷包蛋及豬血湯等一同食用，亦發展出多種套餐組合，煎得金黃的盤粿和糯米腸口感外酥內軟，淋上獨特又微甜的米漿就能享用，米香在入口後滿溢口腔，劃開荷包蛋讓醬汁流淌，又是另一番風味。

與雲林鄰接的嘉義也受其影響，透早呷煎粿也早已成為當地人的習慣之一，因此雲嘉一帶常見「煎盤粿」的小店攤位，部分店家雖然營業到下午，但多數是早晨限定的美味，想體驗不同的台灣米食早餐文化的饕客可要趁早，晚來就吃不到了。

地點：雲林／嘉義

小吃ＢＯＸ

有肉有蝦的東港「肉粿」

來自東港的肉粿通常是將鹹粿切成粿條，上放煙腸、三層肉，最特別的是酥香的蝦猴，最後淋上米漿濃湯，樸實的「粿」料理在東港澎湃現身，「粿」的吃法總是不斷演變，在庶民的日常裡等待我們看見。

003

大麵羹

米其林認證的台中古早味

至少超過一甲子歷史的大麵羹，是台中在地的經典小吃，它不像遍布全台的嘉義火雞肉飯，即使出了嘉義也吃得到，想要吃大麵羹，幾乎只能到台中。

大麵羹雖然有「羹」字，麵湯也很黏稠，但在料理時並不會有勾芡的步驟，這裡的「羹」指的其實是「鹼」，因為麵條中加入許多鹼粉，而羹、鹼的台語發音都是「kinn」，所以大麵鹼就變成了大麵羹。至於為什麼要在麵條內加入大量鹼粉，其來有自。

據傳大麵羹發跡於台灣戰後初期，當時窮人家不易溫飽，為求飽食，因此在麵條中加入鹼粉，使麵條在烹煮時會吸水漲大，增加食用飽足感。而且麵條不易煮爛，口感又顯得Q彈，可以滿足全家人的食用需求。

現在販售大麵羹的店家，會加入菜脯、蝦米、韭菜、紅蔥頭等配料增加香氣，講究點的店家會熬煮大骨高湯當湯底，所以它早已不是窮苦人家為了果腹的餐食。加入許多配料的大麵羹香氣四溢，往往令人食指大動，也因此開業超過50年的台中英才大麵羹，在2020年與其他星級餐廳一同被米其林餐盤推薦。

大麵羹的麵條直徑是一般黃麵2、3倍大，吃起來口感滑溜，湯汁黏稠，由於分量不多，台中人大多當早餐或點心食用。雖然那濃郁的鹼味並不是每個人都可以接受，但不可否認，大麵羹的風味確實特殊，所以下次到台中，不妨來碗大麵羹，品嘗那軟Q不糊爛、濃稠湯裡帶鹼味的滋味。

地點：台中

小吃BOX

刻在記憶中的滋味

大麵羹的地域性極強，大多集中在縣市合併前的台中市，它獨特的鹼味是離鄉台中人的鄉愁，具有與家連結的記憶。在導演劉嘉圭的《尋找大麵羹 The Taste of Home》的紀錄片中，就描述了兩個台中人對大麵羹的情感，值得一看。

004

當歸鴨麵線

給你戀愛般的好氣色

受到「藥食同源」觀念的影響，漢人自古就崇尚食補，因而產生各式各樣的藥膳飲食，當歸鴨麵線就是很常見的一種。而第一碗當歸鴨麵線是由台南的中醫師薛騫研發出來，當時他調配了二十幾種漢方，與鴨及麵線一起煮食。1949年，第二代薛新發以父親的配方，開始在台南東門圓環以手推車販售，微微的中藥香與厚腴醇香的滋味，讓它大受歡迎，因為生意不錯，薛新發索性開了店面，這味小吃也逐漸流傳至其他地區。

1959年，中部發生八七水災，洪水有如脫韁野馬般到處肆虐，導致嘉南平原無數農作與養殖的雞、鴨、鵝、豬隻等隨著洪水漂流。當時有許多人為了生存，就撿拾這些家禽食用，雲林土庫有位魏德興先生，在水災前販售的當歸鴨麵線就很受歡迎，所以他也在大中水撈鴨子，做成當歸鴨麵線。這個在水患中撈鴨子的故事，使得當歸鴨麵線的名聲更上一層樓。

當歸鴨麵線的漢方中，因為也包含地黃（熟地），所以湯頭黝黑深邃，天氣冷的時候喝一口，會讓整個身體都暖起來，四肢也不會冷冰冰，幸福感油然而生。王禎和的《嫁妝一牛車》中，就描述貧窮的主角一有錢會去吃當歸鴨，一飽口福。有人說，母鴨肉嫩但油脂較多，公鴨肉質適中且油脂少，所以湯頭會呈現細微差異，不過不管母鴨公鴨，最好是選擇養了90天的土鴨，此時的鴨肉成熟度最好，甜嫩兼具，最是好吃。

地點：台中→全台

小吃ＢＯＸ

女性溫補聖品

當歸是漢醫婦科重要的藥材，可補血調經，滋養容顏。《本草綱目》記載：「古人娶妻為嗣續也，當歸調血為女人要藥，有思夫之意，故有當歸之名。」意即女性服用後對身體有益，生育能力也較佳，因而思夫當歸，十分有趣。

005

台南擔仔麵

傳承百年的古都「吃巧」小食

台南是台灣最早開發的城市，滿城歷史軌跡乘載了過往許多風華，擔仔麵就誕生於此，從1895年的台南走來，創始人洪芋頭的扁擔已經傳到了第五代，它的起源同樣很有故事。

當走進販售擔仔麵的店家，一眼就能發覺煮麵爐灶高度和一般麵店十分不同，這要從擔仔麵的由來說起。漳泉移民於清朝來到台灣時，紛紛帶來原鄉飲食文化，洪芋頭也於此一時期渡過黑水，登台討生活。他平時以捕魚為業，為了維持生計，每當海象不佳無法出海時，就在漁民俗稱「小月」的季節，活用在漳州習得的煮麵技巧，開始煮起一碗碗的麵，並肩挑擔仔沿街叫賣，以此「度」過「小月」。由於口味很受大眾喜愛，洪芋頭遂直接轉行固定於水仙宮前擺攤，當攤前掛起寫上「度小月擔仔麵」的燈籠，瀰漫著肉燥香與煮麵香時，就會吸引人人來上一碗。

販售擔仔麵的店家通常為了重現創始攤位的做法，發展出特殊的「坐煮」方式，看著擔仔麵的煮食過程宛如欣賞著一場微型表演。煮麵師會先以熱水溫碗，麵條略燙一下就能撈起，再添上豆芽、香菜並淋上肉燥、蒜泥、烏醋，最後點綴一尾白蝦（早期多用火燒蝦），當手中接過這碗輕巧並已征服府城人逾百年味蕾的小食，看著眼前滾得焦黑堪稱整碗麵靈魂的肉燥老鍋，和著麵條、輕飲熱湯食用，焦焦的鹹香味彷若帶人回到了彼時人聲鼎沸的五條港，那個圍著扁擔攤位而坐的攤主與居民們，因這一碗溫熱小食而連結起的簡單年代。

地點：台南

小吃ＢＯＸ

人說：「北切仔，南擔仔」

一般而言，切仔麵發源自北部，擔仔麵則以南部為根據地；切仔的麵量很足，擔仔卻重視「吃巧不吃飽」；切仔湯頭多以豬骨、五花為基底，擔仔則以蝦殼熬煮，切仔麵問世雖晚了些，但從日治時期就是常民食物，新北市蘆洲是切仔麵店密度最高的城鎮。

006

台南蝦仁飯

從日本料理中得到的靈感

是古都、也是美食之都的台南，擁有許多令人垂涎的經典小吃，其中的蝦仁飯不僅是在地人，更是讓觀光客趨之若鶩的必嘗一味。

蝦仁飯的創始人為葉成，他因個子嬌小而有「矮仔成」的綽號，因此他於1922年（也有自1946年的說法）所創立的店舖以「矮仔成蝦仁飯」聞名，日治時代他曾於日本料理店「明月樓」習藝，之後便自行創業，於在地人俗稱的「大菜市」起家，經過幾次遷徙，目前落腳於海安路。

這道類似日本釜飯的小吃，其實是葉成從習得的日本料理技藝中發想而來。蝦仁飯的米飯偏濕潤口感，這是以熬煮兩小時以上的柴魚湯，以糖、鹽、醬油、豬油、炒過蝦仁後的湯汁調味，再將此一獨門醬汁倒入大鍋飯中不斷均勻翻攪而成。另外，飯上的蝦仁則是採用台南定番的火燒蝦，早年料理需用的蝦仁都是由幾位和藹的阿嬤們手工細心處理剝蝦，是店內一道溫馨風景。將蝦以醬油及蔥段大火快炒，讓蝦仁盈滿焦香鍋氣，享用時可選擇搭配醃製黃瓜，在地人通常會再點上鴨蛋湯，就是滿滿台南古早味的一餐，高湯、新鮮食材的香氣及比例恰到好處的醬汁，包覆住的這一小碗米食，能嚐出樸實鹹香的好味道。

而海安路上還有另一間同樣知名的「集品蝦仁飯」，是由原先在矮仔成工作的師傅創立，兩家口味各自精采，距離也很近，十分適合一起安排踩點。

地點：台南

小吃BOX

台南小吃真的好蝦

說火燒蝦是台南小吃的要角一點也不為過，小小一尾卻同時在擔仔麵、蝦仁飯、蝦捲等料理中四處奔場，這一蝦在基、嘉、南、高等海域均有捕撈，但台南人對牠最執著，主要是其蝦味濃郁，氽燙過就很有滋味，然近年則因產量減少致使傳統小吃面臨危機。

007

台南小卷米粉

整個大海都在嘴裡了

吃過小卷米粉的人肯定時常對那一碗鮮甜海味朝思暮想，因為這一鍋真的堪稱舉台無雙的絕妙滋味。來到販售小卷米粉的攤位，巨大的鐵鍋裡滾著粗粗的米粉和燙得粉嫩的小卷，有別於常見的細粉絲，外型和米苔目很相似的米粉是糙米製成的，能夠久煮不爛；鮮脆有咬勁的中卷則選用了印尼遠洋的中卷，清澈的湯頭是留下煮過小卷的原汁，點餐後熱氣直冒地上桌，再撒點芹菜末和胡椒，這一味不論天寒暑熱，特別在炎日的台南盛夏，是揮汗成雨的老饕們甘願冒著烈日等上的一碗。

創作小卷米粉料理的人是葉國，早期他與兩名兒子經營著販售烏魚米粉、皮刀魚米粉等麵食料理的小店，但前述兩種魚卻因有季節限制，供貨不穩定，讓葉國十分困擾，直到某天，兒子葉水龍在安平港口看見捕獲大量小卷的遠洋漁船卸貨，靈機一動建議改以小卷來取代，於是葉家人便從湯頭、調味開始研究米粉加小卷的煮法。這道小吃一推出後即深深擄獲府城居民的胃，傳承到現在，更成為拜訪台南的必吃經典，國際名導李安回到台南時就曾指名要吃。

曾經由於葉水龍萌生退休之意且無人傳承，許多人差一點就無緣嚐鮮，幸好在眾多老主顧們的千呼萬喚下，葉家又重出江湖，加上同一條街上的「邱家」，以及從葉家自立門戶的「施家」，拜訪台南時，我們還能看見店家忙碌地用大鐵勺撈著一碗家鄉味，是遊子心心念念的滋味，也是外地人更認識府城飲食文化的獨特風味。

地點：台南

008

台南鱔魚意麵

來一盤鑊氣十足的鱔魚意麵

提到台南的經典美食，「鱔魚意麵」絕對是其中之一。那香味四溢、爽脆酸甜的口感，擄獲許多饕客的心。

據傳，台南最早開始將炒鱔魚做出名號的，是一位綽號「鱔魚南」的廖炳南師傅。他原本並不是廚師，而是在銀樓工作，因緣濟會隨著弟弟廖火塗在友愛街一帶的市場（舊稱沙卡里巴）經營炒鱔魚小攤。後來廖火塗轉業，「鱔魚南」的炒鱔魚卻越來越出名，帶動台南鱔魚意麵的發展。

鱔魚意麵有兩種煮法，一種溼炒（即勾芡），一種乾炒，相同處在於料理時會加入糖、醬油、醋、洋蔥、辣椒等調味料，以猛火快炒烹調出帶焦香鑊氣的滋味。

鱔魚本身有豐富的蛋白質、DHA 及鐵質，但處理得不好便容易有腥味。美味的最關鍵之處在於「鮮」，只要新鮮，就不易出現腥味。其次在於火候的掌握，這全靠廚師拿捏得宜的時間掌控，才能在炒熟鱔魚的同時，讓魚肉保有爽脆的口感，而不是過於軟爛。

鱔魚意麵所採用的麵條也有講究，它採用的是南部的油炸意麵，因為以蛋調製，不僅具有濃郁蛋香，也讓麵條更蓬鬆。輕盈的油炸意麵容易吸附湯汁，與鱔魚、佐料一起炒，湯汁精華盡在其中，更能突顯鱔魚的美味。

想吃鱔魚意麵，最好挑晚上，因為大部分的店家都是從傍晚才開始營業，然後一路飄香到深夜，太早去可是會吃閉門羹的喔！

地點：台南

小吃ＢＯＸ

「八國聯軍」的鱔魚

早期汙染少，據說只要在溪中放入鱔魚勾就可活捉鱔魚。可惜隨著台灣產業轉型，汙染越來越嚴重，野生鱔魚已絕跡，現在只能從中國及東南亞進口。由於貨源來源多，獨獨缺少台灣本土鱔魚，因此被業者戲稱是「八國聯軍」。

009

筒仔米糕

木工的斜槓人生造就的美味

筒仔米糕是一種以糯米為主材料的小吃,與油飯很相似,最大的差異在於它以瓷瓶、竹筒或鐵罐炊煮而成。提到筒仔米糕的由來,往往都會提到蘇東坡,因為在他的《仇池筆記》提到:「江南人好作『盤遊飯』,鮓脯膾炙,無有不埋在飯下。」把食材都埋在飯下的做法,看起來很像筒仔米糕,但沒有進一步的文獻及佐證,多半只是後人穿鑿附會的。比較可靠的說法,應該是筒仔米糕的原型來自中國福州的糯米飯,因為福州有道名菜「蟹蒸糯米飯」,亦即台灣的「紅蟳米糕」。

台灣最早的筒仔米糕,據說是台中清水王塔師傅所製作。他原本是一名木工,1933 年時,待工的他為了維持生計,販售起拿手料理「筒仔米糕」,一推出即大受歡迎,後來王塔收了很多學徒,隨著各個學徒自立門戶,筒仔米糕名號也被打響。

筒仔米糕原本是用竹筒盛裝,在底部放入滷肉、蝦米、香菇,最後才放生米一起蒸熟,食用時取出倒扣在碗中,呈現圓柱狀,再加甜醬、香菜、蘿蔔乾。因為竹筒不易清洗,後來才改用不鏽鋼杯。

筒仔米糕和油飯很像,但配料不如油飯豐富,不過,最容易分辨的方式是煮法,筒仔米糕是蒸煮,油飯則是翻炒。雖然全台都有筒仔米糕,但最特殊的應該仍屬清水王塔,它的配料中多了蚵仔乾,是海線獨有的風味。

地點:台中

小吃BOX

這不是滷肉飯

台南的筒仔米糕，比較像是滷肉飯的延伸，是以蒸熟的糯米，加上肉臊、肉鬆、小黃瓜等配料。台南米糕是蔡戊己所創，他15歲時從嘉義碼頭一家生意良好的油飯獲得靈感，於1927年推出小碗裝的米糕，後來成為台南的特色小吃。

010

牛肉麵

姿態萬千的麵食

台灣牛肉麵口味眾多，紅燒、清燉、蔥燒、番茄，各有風味，但以紅燒、清燉最常見。其中紅燒牛肉麵更是從台灣發跡的本土料理，曾被國際媒體報導，如今已是外國遊客來台必吃的美食。其實台灣早期是農業社會，人民對牛懷有敬意，原本不吃牛，它成為台灣飲食文化的代表，背後也有一番故事。

紅燒牛肉麵有一說是國民政府來台時，在岡山空軍基地的四川廚師，將家鄉小吃「紅湯牛肉」，結合美援麵粉所製作的麵條創造出來。另一說則是來自四川的退伍老兵為了維生，在台南街頭販售滷牛腱、牛腩，並於客人點餐時，在麵中加入這些牛肉，成為紅燒牛肉麵。它的湯是以豆瓣醬、醬油為基底，再用八角及花椒當香料，因此湯頭鹹香濃郁。

清燉牛肉麵則可追溯至信仰伊斯蘭教的回民，1949年時，他們隨著國民政府來到台灣，也將清燉牛肉麵引進台灣。由於它符合伊斯蘭教規條的可食用食物，早期販售的業者都會標註「清真」兩字。有別於紅燒使用牛腱、牛腩等大塊肉，清燉以薄肉片為主，湯則以高湯為基底，因此湯色清澈，口味較為清爽甘甜。

紅燒牛肉麵大約在1960年代傳到台北，全盛時期在桃源街聚集了數十家店，且都以「川味牛肉麵大王」為名，是香港人來台旅遊必定前往留影之處。有趣的是，當時桃源街隔壁的延平南路也聚集了5、6家清燉牛肉麵，形成一條街賣紅燒，一條街賣清燉的景象。時移事往，雖然兩條街的牛肉麵店皆已星散，但牛肉麵卻深入深入百姓生活，成為台灣飲食文化代表之一。

地點：台北→全台

圖片版權：yuda chen/Shutterstock.com

小吃BOX

CNN 認證的牛肉麵

台北 2005 年舉辦第一屆牛肉麵節，據統計，當時台北約有 6 千家牛肉麵店，密度居全台之冠。為了求新求變，各家業者使出渾身解數，還有業者結合推出一碗要價一萬元的牛肉麵，吸引 CNN 以「全球最貴」牛肉麵報導。

011

滷肉飯

躍升國際美食的庶民小吃

在白飯淋上滷汁跟切丁碎肉,就是我們熟悉的滷肉飯,它可說是台灣庶民小吃之王,但是全台的「滷肉飯」卻有地域性的差別。北部就稱滷肉飯,而南部則稱為肉燥飯,若在南部點滷肉飯,會拿到一碗有一大片五花肉的爌肉飯。

查找日治時期的台語辭典,僅有「鹵肉」一詞,相關文獻也沒有記載,因此推測它出現時間約在戰後時期。當時台灣人民普遍貧窮,只有在特定節日時,為了祭拜神明和祖先才會買肉。當時每個家庭都有許多成員,也都需要營養,一塊肉實在很難分得公平,媽媽們為了讓所有的人都吃得到肉,便將肉切成碎塊,用醬油滷成一鍋,吃飯時把肉末和滷汁淋在飯上,鹹香又下飯,展現窮人的智慧。這種簡單料理後來被小吃攤改良,進而蓬勃發展,後來更成為國宴上的一道美食。這道美食也令日本人深深愛上,現在日本也有許多台灣料理店以滷肉飯當招牌。

早年人們惜物愛物,滷肉通常以各部位的殘肉煮食,肥肉與瘦肉混雜,比例不均,如今人民富裕,滷肉飯也精緻化,講究的店家會特別注意肉的肥瘦比例,最好是肥三瘦七,兼具皮、脂、肉,吃起來肥而不膩,而且入口即化。白飯和滷汁的比例要精準拿捏,滷汁過多太溼,過少太乾,都不夠完美,唯有調配得宜,才是令饕客魂牽夢縈的佳餚。回想一下那淋在飯上亮晶晶、Q彈顫動的肉燥,是不是立刻想來一碗呢?

地點:全台

小吃ＢＯＸ

各種花式滷肉飯

充滿創意的台灣人，將滷製肉丁的技巧運到其他肉類，使滷肉飯的種類百花齊放。例如以牛肉為主角的「牛滷飯」，以鴨肉為主角的「鴨滷飯」，以羊肉為主角的「羊滷飯」，及豬肉雞肉雙主角的「雞滷飯」，滋味各有千秋。

012

蚵仔麵線／大腸麵線

湯頭糊，滋味毫不含糊

地點：全台

蚵仔麵線是臺灣很普遍的小吃，不管是夜市或美食街，到處都看得到它的身影，所以有人說，它已不只是飲食，更是生活的一部分。

蚵仔麵線的由來，目前有兩種說法。第一種根據老一輩人的印象，是因為台灣早期農業社會，農忙時人們耗費大量體力，為了補充能量，並達到可同時提供多人食用的目的，婦女就將麵線煮成一大鍋，清麵線可飽腹但不夠營養，靠海地區的人們就加入盛產的蚵仔，既可增添風味，又可補充營養，逐漸演變成如今我們熟知的蚵仔麵線。另一種說法是它改良自廈門的麵線糊，當時隨著移民傳到台灣，再依各地的物產而有不同的配料，因此南部多加入蚵仔，北部多加入大腸或肉羹。

有別於一般麵線料理使用白麵線，蚵仔麵線多半使用紅麵線，是台灣獨有的食材，全球唯一。它的紅不是染色的，而是將白麵線以高溫蒸煮，此時麵線的澱粉會轉變成醣類，不僅產生焦糖色澤，結構也更穩定，所以久煮不爛，不似白麵線的糊爛。

新鮮的蚵仔是蚵仔麵線美味的關鍵，清洗時要溫柔仔細，才能去除汙垢帶來的海腥味，並保持完美外形。有的店家會將蚵仔裹粉，除了避免蚵仔因久煮而縮水，也可形成一層保護，使它保持完整，口感也更滑溜飽滿。湯頭是另一個重點，可用柴魚片或大骨熬煮高湯，滋味各有千秋。等煮好後再以蒜蓉、黑醋、香菜等調味，就是一碗令人食指大動的蚵仔麵線。

小吃ＢＯＸ

一起來加入 OAMS 神教

「OAMS」是蚵仔麵線台語發音的英文縮寫，代表「蚵仔麵線神教粉絲團」。在這個粉絲團中，每個販賣麵線的店家都是麵線宮，品嘗麵線是參拜，到處去吃就是遶境，還有人設置「麵其林麵線地圖」呢！

013

客家粄條

香Q滑嫩的客「粄」印象

粄條是客家食物的代表，客家話叫「面帕粄」，意思是面巾。因為初製品的形狀及顏色猶如白色手巾而得名。

粄條的作法是先將在來米浸泡約四小時，磨成米漿，倒入方形鐵盤中搖勻蒸煮，蒸熟後取出掛在竹竿上冷卻。想像一下那個畫面，像不像我們洗臉的毛巾呢？粄條冷卻後切成條狀，就是我們常見的粄條了。據說粄條的製作技術始於乾隆年間，當時客家先民因戰爭或飢荒而顛沛流離，因此很需要保存期限較久的再加工食品，而粄條的製作方法簡單快速，成品又輕便易攜帶，逐漸成為主食，後來再隨著客家移民傳入台灣。因為是以米製作，吃起來具有飽實感，對於需要大量體力耕作的農民們，是補充熱量的好食物。

粄條可溼煮或乾炒，溼煮時將粄條連同韭菜、豆芽一起燙煮，煮熟後加上肉片、滷蛋、油蔥酥，加上高湯就是湯粄條，也可以不加高湯吃乾粄條。炒粄條則是先將油蔥酥、蝦米及香料放入鍋中爆香，再放入粄條、肉片、韭菜以大火快炒。

台灣粄條有「北新埔、南美濃」之說，兩者粄條做法有點差異。新埔粄條是純米漿，口感滑嫩；美濃粄條則會加入一點太白粉或番薯粉，口感較有嚼勁。此外，在佳冬、新埤等靠海的地區，則將豬肉改成魚肉，讓粄條帶有海洋的鮮美，非常特別。近幾年在口味上求新求變，還出現粄條壽司，作法是將粄條當成壽司外皮，裡面放苜蓿芽、小黃瓜、紅蘿蔔、肉鬆、花生粉等配料，再捲起來食用，吃起來清爽順口，也受到不少人青睞。

地點：客家地區

014

客家水晶餃

客家美食的王者

　　一提到水晶餃，我們第一個想到的，可能是火鍋或滷味中那晶透彈牙的水滴狀食物。不過，對精通美食的饕客來說，水晶餃包括了許多相似卻迥異的食物，例如較少見的客家水晶餃，它可曾是網路上票選第一名的苗栗美食。

　　客家水晶餃，又稱三角圓，是一種可以伴隨客家人一日三餐及點心的食物。從正面看，中間有一個猶如賓士的形狀，是台灣早期物資缺乏，先人利用地瓜粉做出來的特色小吃。它的內餡以絞肉、醬油膏、胡椒粉等一起攪拌均勻，外皮用地瓜粉及太白粉揉製，把內餡包入外皮後，捏成三角狀，即可下鍋煮食。

　　三角圓煮熟後外皮會呈現晶瑩剔透的狀態，外皮很有嚼勁，內餡則有胡椒的香氣，和市面上販售的火鍋料水晶餃口感完全不一樣。它可以乾吃，也可以煮湯，煮熟後撒一些芹菜珠和油蔥酥提味，就是一碗道地的客家料理。有些人不喜歡太有咀嚼感的三角圓，就會在揉外皮時添加一些糯米粉，讓口感變軟，以免咬到嘴酸。在越來越講食物賣相的現在，有店家發揮創意，用天然食材將三角圓染色，添加蝶豆花變藍色，添加南瓜變黃色、添加芝麻變灰黑色，添加木鱉果變粉紅色，讓三角圓瞬間變身網美。

　　客家水晶餃只在客家庄較常見，很多離開家鄉的客家人思念這個味道，就自己動手DIY，並熱心的將食譜PO上網與大家分享，殷殷叮嚀煮製時要注意的事項，顯得人情味十足。

地點：客家地區

圖片版權：許宸碩

圖片版權：許宸碩

015

基隆鼎邊趖

演繹煮食過程的生動名字

鼎邊趖（或稱為鼎邊銼），是一種用米漿製作的小吃，口感跟粿仔條很像，但更加滑嫩Q彈。它源自於福州的鍋邊糊，不過作法已經大不相同。福州的鍋邊糊以海鮮熬湯，沒有加其他配料，講究清甜，可乾吃可配湯，也可炒食；鼎邊趖則是用大骨或蜆，放入香菇、金針、筍絲、蝦米、蒜頭酥、芹菜末、高麗菜、肉羹、蝦仁羹等豐富配料一起煮成湯食。

鼎邊趖的來源有個故事，明朝時倭寇時常侵擾東南沿海居民，當時戚繼光率領大軍保護百姓，有一次倭寇突襲，尚未吃早餐的部隊緊急開拔，有個百姓靈機一動，將來不及做成粿的米漿淋在熱鍋邊，再將肉丁、香菇等餡料放入烹煮，讓部隊及時吃飽再去打仗。

故事真假尚待考證，但可以確定的是鼎邊趖的名稱來自於它的製作方式，鼎就是大鍋子，「趖」（sô）為台語詞彙，意指蟲蠕動、爬行的樣子。早期煮鼎邊趖時，大鼎中煮湯頭及配料，米漿沿著大鍋子的上緣澆淋，它會沿鼎邊慢慢滑下，動態有如蟲趖，蓋上鍋蓋靜待幾秒蒸熟，白嫩米漿片就完成了，這時將它鏟入湯頭中煮食，沒多久香噴噴的鼎邊趖即可上桌。

早期這是一種表演性質很強的料理，因為店家即時製作，顧客可以看到米漿片成形的過程，現在為了求效率，店家會先煮好米漿塊，像毛巾般的一圈圈堆疊，待下鍋前再剪碎成小片，與配料一起煮製。雖然已經看不到烹煮實況了，但美味是不變的喔！

地點：基隆、台南

小吃BOX

名店免排隊，美味送上門

鼎邊趖曾被選為國宴餐點招待外賓，但販售的店家多半集中在基隆和台南，以前要一嘗美味，必需特地前往。拜科技進步之賜，現在有店家把它製成真空包，並寫了詳細的烹調說明，想吃鼎邊趖只要在家訂購即可，非常方便。

016

吉拿富與阿拜

原住民版本的粽子

吉拿富（cinavu）是原住民的傳統美食，有點類似漢人的粽子，都是用葉子包住穀物及餡料做成，只不過穀物主要是小米、芋頭粉，餡料以豬肉為主，但也有包魚蝦、雞肉的。葉子主要有兩種，內層先用假酸漿葉捲起來，最外面再用月桃葉整個包覆，最後用繩子綁成長條形。食用時會連假酸漿葉一起吃，這種植物的營養豐富，又能幫助消化，是原住民常吃的野菜。

過去吉拿富只在有重要活動時才製作食用，如祭典、節慶、結婚、房屋落成等，由於大家同聚，得準備充足的食物，所以部落族人會一起製作吉拿富，也是一種凝聚情感的方式。隨著時代轉變，如今吉拿富不僅平日三餐都可享用，也走出了部落，夜市偶爾會見到，網路平台也有販售。

不同部落的吉拿富會有略微的差異，這展現了原住民就地取材的智慧，通常生活周遭有什麼，婦女就利用什麼，假酸漿葉可能改為克蘭樹嫩葉，月桃葉也可能換成五節芒或野薑葉；下雨天時成群蝸牛跑出來，會出現蝸牛版吉拿富；採集時採到蜂蛹，內餡就換成蜂蛹。但是不用擔心，這種特別版內餡通常是熱情的原住民朋友招待才有，一般不會買到。

阿拜（Abai）與吉拿富很相似，最大的差異在於它以小米磨粉製成，較像年糕或麻糬，也不像吉拿富是鹹食，阿拜有甜有鹹，甜的可用花生、芝麻當餡料，鹹的餡料則是豬肉或魚蝦為主。

每年在台灣開打的粽子PK戰，原本只有南北口味之爭，隨著這兩種料理的知名度越來越高，想必將會越來越精彩。

地點：原住民地區

017

嘉義涼麵

享用獨步全台的盛夏滋味

涼麵全台都有，天氣熱的時候來一碗，消暑又對味。在台灣所有縣市的涼麵中，就數嘉義涼麵最特別，有別於一般涼麵採用圓形油麵搭配芝麻醬的方式，嘉義涼麵使用寬扁麵麵條搭配芝麻醬、美乃滋。這種獨屬於嘉義的醬料添加法，往往令第一次聽到的人大吃一驚，但是嘗過後，又會為它的味道傾倒，魅力可見一斑。

現在我們常見的麻醬涼麵，有一說是戰後從眷村流傳出來的。不過在那之前，台灣嘉義、台南一帶就習慣以寬扁麵條來煮涼麵，為什麼嘉義涼麵會獨樹一幟的添加美乃滋呢？根據在地人說法，因為它的麵是寬扁麵，濃稠的醬汁更能與麵條完美結合，帶出香醇的香氣，而美乃滋這種半固體的蛋黃醬，正符合「濃稠」的要素。

可別以為加了市面上任何一款美乃滋，就可以複刻嘉義涼麵迷人的味道，唯有使用嘉義在地沙拉醬工廠「佳味珍」的美乃滋，才最對味。這款美乃滋，嘉義人稱它為「白醋」，因為加水稀釋打發，質地較稀，更容易跟麵、醬料攪拌在一起。拌在麵體上，甜甜的味道與麻醬香融為一體，讓整體口感更滑順香醇，這就是嘉義涼麵好吃的祕訣。如果覺得這樣的滋味不夠有層次，也可以依喜好加入蒜泥、辣醬或芥末醬。

嘉義有北回歸線通過，夏天高溫幾乎將人融化，此時吃涼麵最開胃，但實在不適合喝熱湯，佛心店家便備有免費麥仔茶供無限暢飲，在炎炎夏日，一盤涼麵配上一杯麥仔茶，清爽解膩，甚是享受。

地點：嘉義

小吃ＢＯＸ

適合嘉義溫度的涼肉圓

嘉義的涼麵店往往兼賣涼肉圓，
當地人通常是將涼麵和涼肉圓當
成一組套餐食用。涼肉圓除了油
膏，也會加白醋，那ｑ彈的外皮
搭配甜甜的白醋，再來一口甜脆
小黃瓜，清爽又美味。

018

嘉義雞肉飯

好吃的雞肉飯攏底「嘉」啦！

全臺各地都有雞肉飯，但是風味最特殊的，無疑是嘉義雞肉飯。它的魅力，來自於火雞肉、飯、醬汁和油蔥酥等食材的絕妙組合。嘉義人不只會在午餐、晚餐或宵夜食用，更有許多人以此為早餐，開啟活力的一天，所以有些鄰近市場的店家會配合採買人潮，從早上六、七點就開始營業，這也是別的縣市所沒有的特色。

根據當地耆老回憶，二戰後台灣物資短缺，一般人只有在逢年過節時才吃雞肉，所以原本販售滷肉飯的師傅突發奇想，仿照滷肉飯的做法，將拜拜時買的雞肉切絲放在白飯上，做出雞肉飯料理。但是因為雞肉的成本很高，經過不斷試驗，最後改用當時價格相對便宜，口感與風味卻也極佳的火雞肉為主要食材，成為如今膾炙人口的火雞肉飯。

為了保持口碑，嘉義的火雞肉飯店家使用的火雞也是特別挑選過的國產火雞，一來是國產火雞較具嚼勁，口感符合國人喜好，二來是進口火雞經長時間冷凍運輸，不如國產火雞鮮嫩多汁，所以即使成本較高，嘉義仍是選擇國產火雞做為食材。加上靠近南部屠宰市場，早上處理好的火雞，中午前就能送進店裡料理，非常新鮮。

傳統的嘉義火雞肉飯，需以全雞蒸煮熬出雞汁去調製醬汁，再用酥炸過紅蔥頭的豬油淋在米飯上，配上獨門醬汁及醃製的黃色蘿蔔，就是一碗讓人食指大動的火雞肉飯。現今有些人會再加一顆半熟蛋，全部和在一起攪拌，讓火雞肉飯的味道更富層次。

地點：嘉義

小吃ＢＯＸ

嘉義雞肉飯的好麻吉

不管是喜歡醬香的醬汁派，或喜歡雞油香的雞汁派，在嘉義吃火雞肉飯，一定都要搭配一碗台式味噌湯。嘉義的地方民謠〈故鄉的雞肉飯〉提到：「捧得故鄉的雞肉飯，配得一碗味噌湯……」下次吃火雞肉飯，記得來碗味噌湯。

019

鹹粥

北肉南魚，你是哪一派？

　　粥是漢人的傳統的米食之一，古代人稱它為「糜」，古人說：必使水米融洽，柔膩如一，而後謂之粥，可見粥應該是稠糊狀，類似廣東粥那樣。然而台式鹹粥雖然有個「粥」字，但其實比較像湯飯，米、飯涇渭分明。

　　據說鹹粥源自泉州的「半粥」，用生米和高湯一起熬煮，因為添加的水分較少，米不會變得軟爛，是早期台灣農村很常見的點心，因為農忙時在太陽下工作久了，較缺乏食欲，但又需要補充體力，而鹹粥米粒帶湯的形式，不像乾飯要咀嚼多次，又不像濃稠的粥吃不飽，很符合作田人的需求。另一方面，煮飯的人只要把飯、菜、肉一起熬煮，也能節省許多烹調的時間。

　　因為地域物產不同，台式鹹粥大約可用「北肉南魚」來概括。北部鹹粥以豬骨熬高湯，煮食時將生米與高湯一起熬煮，摻入香菇、蝦米、高麗菜等，大部分的店家兼賣的紅燒肉、炸豆腐、炸蚵等小菜，通常也是一絕。南部的鹹粥則是用魚骨熬高湯，煮食時用煮熟的飯，搭配五花八門的海鮮食材：虱目魚、蚵仔、土魠魚等，端上桌前，還要加一條金黃香酥的油條，撒一點芹菜末和油蔥提升香氣。為了滿足挑剔的味蕾，部分店家現在會將豬骨、雞骨或蔬菜與魚骨一起熬煮，讓鹹粥的風味更富層次。

　　隨著時代變遷，鹹粥從常見的點心演變成特色小吃，台灣各縣市知名的鹹粥店，煮法配料略有不同，常是網友朝聖所在，也豐富了我們的飲食文化。

地點：全台

小吃ＢＯＸ

台南鹹粥的最佳主角——虱目魚

台南有些以虱目魚為主的鹹粥店家，會直接以虱目魚粥為招牌。虱目魚魚刺很多，讓很多人因此卻步，但現在店家處理魚刺的技巧純熟，可以清理乾淨，讓人放心大啖不怕被哽到。

020

新竹米粉

九降風帶來的禮物

在台灣只要一提到米粉，首先想到的就是新竹米粉，在鼎盛時期，老新竹人口中的「米粉寮」（今之南勢里），甚至有超過一百戶以上的米粉工廠，盛況可想而知。

米粉的製作技術並非源自新竹，而是福建。一百多年前，在中國以作米粉為業的郭姓移民在南勢定居，當地水田密布，盛產稻米，又因為新竹平原呈現畚箕狀，風勢強勁，尤其是乾冷強勁的九降風，更是製作米粉的福地，郭家後代因此又重新做起了米粉。

最早的米粉是用水煮熟後日晒，因此較粗，口感扎實，稱為「水粉」或「粗米粉」。1920年左右，郭樹至福建省惠安縣學做「炊粉」，帶回用蒸籠蒸的製作方式，使得米粉變細，口感變Q，所以也稱為「幼米粉」、「細米粉」。

不管是水粉或炊粉，製作過程都瑣碎又繁重，包含磨米漿、壓米粉、蒸米粉、煮米粉、晒米粉等工序。好吃的米粉對天氣又很要求，祕訣在於「三分日曬，七分風乾」，只有烈日卻無風，米粉不會乾，但風太大，又怕晒米粉的架子被吹翻，若是遇到下雨，更要趕快收起來，以免被雨水打溼，必須時時注意天氣。米粉業者對天氣變化的敏銳度堪比觀測站。新竹至今仍流傳著「嫁南勢，做到死」、「好材不做豬寮梁，阿娘不嫁米粉寮」的諺語，道盡米粉業的辛苦。

戰後，曾吉甫與曾仲慶父子當起了中間商，賣起了米粉。賣到台北、基隆的新竹米粉大受歡迎，讓它逐漸擴展到全台，更於1976年時跨出國門，到日本東京、大阪、神戶等地展覽，打開了國際貿易之路。

地點：新竹

圖片版權：Chen Liang-Dao/Shutterstock.com

小吃BOX

體面的高級食材

早期米粉採用純手工，製作不易，因此量少價高，是高級食品，只有在拜拜、嫁娶等喜慶場合才會用來招待客人。如今拜科技進步之賜，許多步驟都以機器取代人工，產量與過去不可同日而語，也使得我們時時都能吃到米粉了。

圖片版權：leungchopan/Shutterstock.com

021

彰化肉圓

變化多端的台灣原創滋味

在台灣眾多美味的小吃中，彰化肉圓是百分之分源於本土的小吃，肉圓發明的過程，是一段善心引發的故事。1898年，台灣中部因颱風而引發嚴重的「戊戌大水災」，沖散十餘個庄頭，重創過後，田園毀壞，農作物除了地瓜，其餘全都浸淹受損。當時在北斗寺廟擔任文筆生的范萬居先生得到神諭，將地瓜刨絲晒乾的地瓜籤磨成粉，加水攪和放在碗中炊成素粿，當作臨時充饑食品，分給大家食用。這個食物就是肉圓的原型了，它既沒有味道也沒有內餡，談不上美味。

范萬居的兒子范媽意為了包入餡料，將地瓜粿從碗中挖出，加入豬肉餡、筍丁，為了增添口感，又想出油炸的方式，並開始挑著肉圓沿街叫賣，之後更在奠安宮前設攤，開啟彰化肉圓的知名度。這份手藝後來流傳出去，北斗有許多以賣肉圓營生的店，幾乎都是師出范家，因此當地有句俗諺「彰化肉圓生北斗，北斗肉圓生瑞火」，就是指這件事。

肉圓流傳到台灣各地，使得這味小吃百花齊放，但是仍以彰化肉圓最為知名，光是口味和製作方式就可以分為南彰和北彰。南彰就是北斗、田中及員林一帶，採用傳統的製作方式，北斗老店仍舊堅持手作，所以將地瓜粿從碗中挖出包餡料時，在肉圓上留下手指的「三掐痕」，是最大的特色。北彰則是彰化市、芬園周邊，做法是將地瓜粉漿放入特製鐵碗，包入內餡後，先蒸再炸；餡料比起南彰較為多元，還會添加香菇、干貝、蛋黃等內餡。不管是南彰或北彰，肉圓都一樣令人唇齒留香。

地點：彰化

小吃ＢＯＸ

全球肉圓霸主在台灣

肉圓流傳到台灣各地，使得這味小吃百花齊放，但仍以彰化為肉圓的重鎮。由於彰化好吃的肉圓太多了，每家都各有特色，之前還曾舉辦「彰化肉圓節」，並以五百公斤重的肉圓挑戰金氏世界紀錄，為肉圓增添許多話題。

022

肉粽

「粽」橫千年好味道

關於粽子，台灣流傳最廣的說法，是為了紀念戰國時期的屈原。這個楚國的愛國詩人因為國家被秦國攻破而痛不欲生，最後跳入汨羅江而亡。人們為了紀念他而將煮熟的米飯用笠葉包裹，投入江中餵食魚蝦，魚蝦吃飽了就不會去啃食屈原屍體，讓他得以保留全屍。

但是根據文獻記載，粽子最早在西晉周處所著的《風土記》出現，當時的名字是「角黍」，從年代來看，屈原死於西元前三世紀，而角黍出現則是六百年後的西元三世紀，可見粽子跟屈原應該沒什麼關係。

角黍最早只是用菰葉包黍米，比較像鹼粽。隨著時間過去，餡料越來越豐富，到了明朝時，已經多使用糯米，使用豬肉、松子仁、棗子、胡桃等餡料，並多以粽子稱呼了。

台灣的食粽文化，應該是隨著明清時期的先民而來，如今依地區分成北部粽和南部粽，最大的差別就是「南煮北蒸」。北部粽使用熟米，將糯米與豬肉，香菇、蝦米、蛋黃等餡料一起拌炒，用桂竹葉包覆後蒸熟；南部粽用生米混合花生，加入豬肉、香菇、蛋黃等炒至半熟的內餡，用麻竹葉包裹後，放入水中煮熟，所以吃起來除了粽葉香，還有花生香。整體而言，北部粽口感粒粒分明，吃起來鹹香，南部粽口感較軟爛，清淡不油膩，各有特色也各有擁護者。

有趣的是，因為「包粽」與「包中」同音，現在粽子也衍生出祝福考生們考試順利、金榜題名的寓意，家中如有考生，不妨也買顆粽子來吃喔！

地點：全台

小吃BOX

異國粽子知多少

世界各地都有用葉片包裹食物的作法，但葉片及形狀不同，如用香蕉葉緊包的椰漿飯，用椰子葉或棕櫚葉包裹的馬來粽，用香蘭葉製作的泰式粽子，以葡萄葉包成的希臘粽，以玉米葉包成的巴西粽、墨西哥粽，口味鹹甜辣皆有。

023

鴨肉麵

像吸「鴨」片一樣上癮

地點：全台

鴨肉麵的口味大致可以分兩派，但並不是如許多小吃那樣分南北，而是鴨肉的口味可分為鹹水與煙燻（紅燒）。

鹹水口味的煮製方式保留鴨肉的原始風味，僅用鹽巴塗抹在鴨隻上就拿去蒸，蒸的過程中會產生許多透明清亮的鴨油和肉汁，用它來調味會讓食物變得更鮮美，所以有網友戲稱它簡直是「神仙水」。煮製鹹水鴨肉麵時，加幾匙鴨油進去，湯頭又香又清爽。

煙燻口味的鴨肉麵，目前以新竹市聚集最多店家。2019年，新竹市政府以一則「有沒有為什麼新竹有這麼多鴨肉麵的八卦」貼文，引起網友熱議，因為光是小小的新竹市至少就有20間以上的鴨肉麵，而且各有死忠客戶，每到用餐時間總是一位難求。令人好奇的是，新竹市並無養鴨場，為什麼知名鴨肉麵店這麼多？有人認為新竹鴨肉麵是新竹老店「鴨肉許」帶出來的風潮，但有網友指出，鴨肉許成名前，新竹市區就有很多鴨肉麵店了，因此起源暫不可考。

煙燻鴨的作法，一樣要先將鴨子煮熟，再將鴨子放在底部放糖的蒸籠中煙燻，利用木材不完全燃燒所產生的燻煙及熱氣乾燥食物，延長保存期限，並增添額外香氣。煙燻時，糖量、火候、時間要調配得宜，才會燻出具有焦糖色澤、肉質軟嫩不乾柴的鴨肉。至於湯頭，一樣使用「神仙水」煮製，鮮甜湯頭加上鹹香的鴨肉，令人食指大動，難怪全台有許多鴨肉麵的老字號歷久不衰。

圖片版權：許宸碩

024

油飯

想吃就吃，不必等滿月

婦女生產通常是用命去拚搏，猶如立於陰陽分界，所以台灣有句俗諺說：「生輸四塊板，生贏雞酒香」，就是說明萬一難產死亡，只能準備棺材辦後事，生產順利則有滿室的雞酒（麻油雞）馨香。這句話道盡生產的風險，即使醫學發達的現代也依舊如此。

所以早期的台灣民間有個特別的習俗，生男孩會先「報酒」，意即在孩子生下來一個月內準備好滋補的麻油雞和油飯送人。日本時代文化運動先輩黃旺成的日記裡，就有長子出生第十二天請油飯，四子第二十四天請油飯的文字。報酒首先是給媒人，以感謝對方撮合有功，讓自己得以延續香火；再來則是送給娘家，讓親人得知女兒已經誕下男丁，功德圓滿。隨著社會經濟好轉，祭拜床母的習俗也越來越普遍，祭拜後的雞、酒及油飯就分送給親友，一來傳遞喜訊，二來分享喜悅，這在早期通訊不發達的時代是重要的習俗。時至今日，油飯已經演變為想吃就吃的美食，連便利商店也賣起了油飯便當，它受歡迎的程度可見一斑。

油飯由長糯米煮製，配料相當豐富，包含豬肉、香菇、蝦米、魷魚、薑末、麻油等，烹調時除了要注意水與糯米的比例，爆香順序也很重要，才能讓各種食材發揮得宜，展現濃郁飽滿的香氣。炒到油亮的配料，搭配有彈性不軟爛的糯米，鹹香撲鼻。因為糯米較不易消化，腸胃不好的人吃了容易脹氣，所以現在有些人在煮製時會摻入一些白米，讓腸胃不好的人也能盡情享用。

地點：全台

小吃ＢＯＸ

傳統滋味與頂級食材的相遇

台灣少子化的情形嚴重，如今油飯
禮盒的業者使出渾身解數，在油飯
中加入各種食材，從鰻魚、櫻花
蝦，到干貝紅麴、堅果臘肉等，甚
至有融合中西食材與口味的黑松露
牛排油飯禮盒，讓看似老派的美
食，展現新潮時尚的風貌。

025

原住民竹筒飯

狩獵文化衍生的美食

原住民美食中，竹筒飯是最廣為人知的一種，許多原住民族的觀光景點都可以看到。那麼，它到底源自於哪一族呢？

從文獻記載看來，平埔族很早就有吃竹筒飯的習慣，清帝國時期的《諸羅縣志》、《彰化縣志》、日治初期的學者伊能嘉矩的《平埔族調查旅行》，都有留下米飯置於竹筒中再炊熟的紀錄。但若追溯各原住民族的料理，泰雅族、太魯閣族、鄒族等族，也常出現竹筒飯的身影，祭典上更是不可或缺。究其原因，應該是與原住民的狩獵文化有關。早期原住民上山打獵不方便攜帶食物，加上山上各地都有竹子，遂衍生出方便攜帶又能久放的竹筒飯料理。另外根據泰雅族的耆老描述，他們上山不會帶任何炊具，只會帶米，肚子餓的時候，就砍竹子來做竹筒飯，好吃又方便。

竹筒飯的米飯是糯米，竹筒多使用孟宗竹或桂竹，將其鋸成一段一段，一端有節，一端是開口，把浸泡過的糯米裝入約八分滿，加一些清水，再以月桃葉封口，或烤或蒸或煮，當聞到飯香時，就代表已經煮熟了。唯一要注意的是，若是以烤的方式製作，必須適時翻動竹筒，控制好火候，不然可能會燒焦。傳統的竹筒飯只放入糯米及水，不添加人工調味料，因此有一股竹子的清香，後來有些販售竹筒飯的店家為了符合消費者口味，會加入香菇、雞肉等食材，竹香就沒那麼不明顯，若是想要吃出「大地的味道」，還是得尋找沒有過多餡料的竹筒飯喔！

地點：原住民地區

圖片版權：elwynn/Shutterstock.com

小吃BOX

「尚青」最好吃

要煮出好吃的竹筒飯，關鍵在「新鮮」與「年輕」。新鮮意指剛砍下來的竹筒，年輕意指生長一至二年的竹筒。符合上述要素的竹筒，炊煮時會有許多竹液滲入米飯，煮出來的飯特別香甜。

圖片版權：許宸碩

貳

湯品類

026

排骨酥湯

中了化骨綿掌的排骨酥

日治時期，北投溫泉即已聲名大噪，陸續開設許多溫泉會館及旅館，經過演變，到了1950年代，此處酒家林立，是政商名流、黑白兩道的重要社交場所，也因此衍生許多酒家菜，據說為了鼓勵顧客多喝酒，就衍生出許多下酒的料理，排骨酥就是在這樣的情況下被創造出來。

時值1954年，陳良枝創立「蓬萊食堂」，店內的滷排骨先炸再滷，滋味又香又酥，很受歡迎，但是陳良枝覺得這道料理有點單薄，端不上檯面，只適合做客飯，為此他慢慢試驗，考量豬肉炸後的口感，最後採用豬腹協排來當食材，就是最原始的排骨酥了。「蓬萊食堂」後來改名為「金蓬萊」，店內的排骨酥至今仍是招牌菜。而排骨酥幾經流變，在全台出現排骨酥麵、排骨酥湯等花式料理法，可以是菜餚，也可以是主食或湯品，變化多端。

要煮出美味的排骨酥湯必須過好幾個關卡，首先要先醃漬排骨，待入味後再油炸。油炸時要注意火候，萬一炸過頭，排骨的口感就會太乾澀。炸好的排骨，要再經過煮的步驟，而這個步驟又出現南北差異。北部的排骨酥湯強調排骨原味，因此是以清水加點鹽巴調味，加入冬瓜一起蒸煮，滋味較清爽；南部的排骨酥湯使用高湯，與冬瓜或蘿蔔一起蒸煮，湯頭濃郁甘甜，各有千秋。最後端上桌的排骨酥湯因為又炸又蒸，排骨酥已經十分軟爛，多半已骨肉分離，進食時不太需要剔骨，只剩下鹹香濃郁的味道，擄獲許多饕客的心。

地點：台北→全台

圖片版權：54613/Shutterstock.com

小吃ＢＯＸ

美味加分的祕訣

排骨酥湯一般會加入冬瓜或蘿蔔，因為用炸過的排骨煮湯，雖然肉香及油香會融入湯裡，但也使湯頭較為油膩。冬瓜及蘿蔔都是單獨煮湯就很清甜的蔬菜，與排骨酥一起蒸煮，不僅為湯頭增添甘甜味，也讓湯頭清爽許多。

圖片版權：Carlos Huang/Shutterstock.com

027

湯品類

台南牛肉湯

其實是「創造出來的傳統」

「傳統小吃」絕對是台南這個城市的代表關鍵字之一，想在這個城市必吃清單上逐項打勾，不多安排幾趟旅程到訪，肯定很難完全制霸。琳瑯滿目的府城美食中，被外地人視為豪華早餐的清燙牛肉湯，從食材選用的講究到料理上桌的真功夫，更認證了台南美食絕非浪得虛名。

在以務農為主的台灣，為了感恩牛隻辛勞，多數人皆不吃牛，直到日治時期，日人帶來了吃牛文化，且戰後潮汕移民帶來沙茶牛肉。但牛肉產量少，且通常是仕紳階級才有能力及機會品嘗，那麼，為什麼只有台南一地誕生這道湯品、甚至成為足具代表台南的小吃呢？答案或許有點出人意表。

關於牛肉湯的起源眾說紛紜，近來由於文獻資料及有志者的探究，理出了更多牛肉湯的身世，推測應於90年代中期之後，販售牛肉湯店家逐漸擴展，再加上傳媒及政府舉辦「牛肉節」的推波助瀾，這道「台南傳統小吃」就這麼深植民心，當然，台南還有一項地緣之便的優勢，位於善化的牛屠宰場就在外圍，新鮮牛肉只在一箭之遙。

有別於紅燒牛肉湯，台南牛肉湯的特色是選用溫體牛現切後「清燙」，使用冷凍肉會大大影響口感和鮮味，而牛肉湯底基本分成三種：牛大骨湯底、蔬果湯底及加入中藥材的湯底，上桌前，碗內擺上肉片，再用高湯熱沖，看似清淡的湯頭實則濃郁帶甘甜味，肉質鮮嫩，可隨喜好倒點白醋、米酒、加上薑絲或沾點醬油，再來一碗肉燥飯搭配享用，就能感受沁人心脾的台南時光。

地點：台南

小吃ＢＯＸ

更接地氣的鮮魚湯

台南養殖漁業興盛，街邊隨處可見販售
鮮魚湯的店鋪，魚麵、魚皮、魚冊、魚
肚湯、魚丸湯⋯⋯等關於魚的各種小食
其實才是台南人的飲食日常，薑絲清湯
更顯魚肉鮮甜，味噌湯底也超對味，下
次就從魚湯開始潛入當地人的生活吧！

028

薑母鴨

帝王級的「饗」受

薑母鴨是台灣人冬令進補常吃的食物，主要的食材是老薑、公鴨、米酒。相傳它是三千年前的宮廷御膳，隨著時代流轉，成為常民美食。薑母鴨在台灣、中國廈門、泉州都有，但是中國的薑母鴨是乾吃，僅供外帶，比較像滷味，和台灣坊間的薑母鴨又吃肉又喝湯的作法差異較大。

台式薑母鴨是由帝王食補薑母鴨的創辦人田正德所創建，一開始他在私人企業擔任業務經理，後來想要賺更多錢，便自行創業，無奈公司經營不善倒閉，身體也因為長期應酬而患有舊疾，導致身體虛弱。當時他才30歲，正處於人生顛峰期，當然不甘心被身體拖累，便到處求醫。此時有位從上海來的林姓中醫師，介紹他以一種養生藥方來調理身體，他食用後身體果然好轉，後來開啟台式薑母鴨的創建契機。林醫師提供的藥方，包括兩隻腳的動物、米酒、老薑及麻油，據說是上海婦女作月子的食補料理。那時的鴨比雞便宜，加上母親過去是用鴨坐月子，所以他才選擇用鴨來燉煮。1981年，田正德在華江橋頭成立第一家薑母鴨店，1986年正式取名為「帝王食補」薑母鴨，以連鎖模式經營，鼎盛時期高達五百多家分店，帶動台灣薑母鴨風潮。

薑母鴨的做法，要先將老薑拍扁後用麻油爆香，鴨則多以紅面番鴨公為主，這種鴨的皮薄肉厚，脂肪少瘦肉多，肉質有嚼勁，適合長時間燉煮。由於台灣人愛吃火鍋，現在薑母鴨也變成一種火鍋湯底，一邊加入火鍋料一邊看著鍋裡的湯咕嚕咕嚕的沸騰，真是人生一大享受啊。

地點：全台

望文生義鬧笑話

有人以為薑母鴨是使用母鴨燉煮，
但所謂薑母鴨乃是「薑母＋鴨」，
不是「薑＋母鴨」，它所採用的鴨
隻是以公鴨為主。這除了公鴨體型
大肉多之外，還有一說是牠的生性
勇猛，補效更好。

029

香菇肉羹／浮水魚羹

源遠流長的美食

台灣有許多羹類料理，它既能當主角當主食單吃，也能當配角菜餚，搭配飯、麵、米粉進食。

羹的歷史相當悠久，在《呂氏春秋‧本味篇》中就有以羹祭祀的記載。祭神的是牛的大羹，祭五帝的是羊的原始羹，都不可加調味料，因為五味是人間味；給人吃的是豬的鉶羹，要放各種調味料。鉶羹經過幾千年的流傳，從中原到中國南方，再隨著閩南移民來到台灣，成為大街小巷中的各種羹。台灣目前最早可見的羹文獻是《黃旺成日記》，在1914年的2月22日這天，有晚餐吃肉羹（晩食に肉羹）的文字，此後日記裡更不時出現肉羹。

台灣早期的肉羹是直接將豬肉絲入羹烹調，隨著經濟好轉，肉羹也精緻化，食材多是瘦肉、肥豬肉、魚漿等製作，既有嚼勁又滑嫩。有的肉羹會與大白菜同煮再勾薄芡，有的則是大骨熬煮但不勾芡，前者有飽滿感，後者則較清爽。也有店家加入各種配料，如加入香菇的香菇肉羹，其中又以嘉義、雲林較為知名。

雲林北港的香菇肉羹以不沾油聞名，湯頭清爽不油膩。歷史最久的是位在客運站小巷裡的東陽香菇肉羹，舊時的香菇肉羹又稱錦魯麵，取「緊嘍」的台語諧音，是客人為了趕上客運，不斷催促的聲音。

此外，浮水魚羹更是不容錯過，傳聞此道小吃是由林葉愛銀於民國46年開始販售「阿鳳浮水虱目魚羹」，將取自旗魚、虱目魚肚等鮮魚部位打成漿，捏成塊狀丟入滾水中，直到魚羹塊受熱浮起，因而有「浮水」之名，上桌時則常以香菜、薑絲及黑醋調味，清爽鮮甜。

地點：全台

小吃ＢＯＸ

土魠魚羹是歐式料理？

將裹粉酥炸的魚肉塊加入濃稠羹湯是你我再熟悉不過的土魠魚羹，但根據中研院副研究員鄭維中的探查，葡萄牙水手在大航海時代將此吃法傳給日本人，而受荷蘭殖民影響，當時的唐人移民也學習「阿兜仔」這麼吃魚，保留至今成為台灣特色小吃。

羊肉爐

冬天就是要來幾爐

羊肉爐是台灣是進補、禦寒的又一美食，與麻油雞、燒酒雞被戲稱為歲寒三友。《本草綱目》中記載，羊肉具有「補虛」、「益氣」的效用，但因為羊騷味重，早期吃的人較少，後來因品種改良，加上料理手法創新，大幅降低腥味，吃的人就愈來愈多了。台灣羊肉爐現今以岡山及溪湖最盛行，這兩地的羊肉爐口味截然不同，岡山是戰後興起，以紅燒口味為主，溪湖羊肉爐1970年代後興起，以清燉口味為主。

岡山鄰近的田寮因為易受雨水侵蝕的「惡地」地形，地形崎嶇，較適合畜養善攀爬的羊隻，使得畜羊產業發達。此處羊隻由於常年放牧野外，運動量充足而肌肉結實，成為優質羊肉的主要來源地。而岡山自古以來有籃籤會的集市傳統，羊隻交易盛，日治時期開始即有人經營羊肉店，販售如羊肉湯、羊肉米粉、炒羊肉等傳統羊肉料理。國民政府遷台後，中國軍眷帶來豆瓣醬，岡山人再融合汕頭火鍋的形式，開創出岡山羊肉爐。

溪湖羊肉爐起源已不可考，但從日治時期即有零星的羊肉料理，1970年代經濟好轉，民眾消費能力變好，原本挑擔販售羊肉的行商就轉為固定攤位。當時由楊出、楊頭在溪湖國小門前販售羊肉麵線，楊出之女楊桂枝從小在家幫忙，結婚後另外開設「阿枝羊肉店」，賣起了羊肉麵線、炒羊肉等料理，並開發出「羊肉爐」，就是現今大家熟知的溪湖羊肉爐。

羊肉爐的中藥材多達數十種，包括當歸、黨參、枸杞、川芎、黃耆、紅棗、甘草、桂枝等，各家都有獨門祕方，美味各有特色，也讓我們的冬天變得暖呼呼。

地點：高雄／彰化

小吃BOX

岡山溪湖超級比一比

岡山過去是羊隻的交易中心，羊肉講究新鮮現宰，所以羊肉爐是羊肉帶骨烹煮，沾醬搭配豆瓣醬。溪湖羊肉爐則是從賣麵線的攤位發展而來，所以習慣用薄肉片，多半沾豆腐乳。兩種都會提供吸管讓饕客吸食羊大骨的骨髓。

031

豬血湯

就愛Q嗲嗲的這一味

豬血湯是台灣很常見的庶民小吃，名稱卻有點黑色趣味，首次接觸的外國人，可能會以為它屬於吸血鬼的暗黑料理，所以它另有紅豆腐、血豆腐的說法，聽起來較為雅緻。客家因避諱「血」字，會改成豬紅、豬旺。台東有家「卑南豬血湯」，老闆還用英文發音替豬血取名為「布雷克豆腐」（Black Tofu），感覺就像是某種甜點。

這道湯品用的食材不多，看似容易烹調，但要好吃也沒那麼簡單，首要就是有新鮮的豬血。新鮮的豬血呈暗紅色，表面布滿不規則的小氣孔，煮熟後軟嫩中帶點彈性，滋味美妙。再來就是湯頭，有些店家的湯底採用大骨湯，也有些店家僅用韭菜、油蔥酥調味，若是再加入Q軟的大腸，則會讓豬血湯的口感更富層次。一碗豬血湯搭配滷肉飯、炒米粉，可以是早餐、午餐、晚餐或宵夜，隨時想吃都可以。

自古人們就知道豬血很營養，明朝李時珍的《本草綱目》記載它的氣味「鹹、平、無毒」，主治「生血，療賁豚暴氣，及海外瘴氣」，現代醫學的研究也顯示它含有豐富的維生素及鐵質，可以提升人體的免疫力。坊間一直有豬血清肺的說法，長時間使用粉筆的教師、常與細塵為伍的清潔人員、油漆工、水泥工，咸信吃豬血可以帶走肺部的灰塵，在空汙嚴重的現在，也有人要以豬血來對抗空汙，然而這說法應該只是民間傳聞，並無學理依據。

地點：全台

圖片版權：YamisHandmade/Shutterstock.com

032

虱目魚湯

每天的元氣就從這一碗開始

虱目魚的營養豐富，可惜魚刺極多（多達222根刺），但因為肉質細緻滋味鮮美，在被魚刺哽到的風險與吃美食之間，台灣人選擇了美食。虱目魚的料理方法很多，魚肉可乾煎、可煮湯，也可製成魚丸，而魚刺正好拿去熬湯。不需要華麗的烹調方式或調味，鮮甜清爽的虱目魚湯，好吃到讓饕客連舌頭都快吞下去。

虱目魚這在地魚種的名稱來源眾說紛紜，有幾個還顯得很國際。大航海時代，來到亞洲的西班牙人稱虱目魚是sábalo，而當時在荷蘭統治下的台灣人，經常與被西班牙殖民的馬尼拉人交流，因此就使用這個名字；有人則認為可能來自日語的鯖魚（さば，saba），因為鯖魚和虱目魚形相似，日治時期的台灣人可能混淆了虱目魚和鯖魚，便以台語化的發音虱目魚稱之。

起源本地的說法也有兩種，一是虱目魚的眼睛為脂性眼瞼，讓眼睛像是被塞住一樣，因此稱為「塞目魚」，後來訛傳為「虱目魚」。另一說則是虱目魚眼很有特色，因此西拉雅以masame（眼睛）稱之，《台灣通史》記載：「台南沿海事以蓄魚為業，其魚為麻薩末，番語也。」麻薩末即masame。

至於流傳最廣的傳說，也是最不可信的，與鄭成功有關。據說鄭成功來台時，老百姓獻上虱目魚，鄭成功因沒見過此魚，便問這是什麼魚，百姓以為他為魚賜名，從此便稱此魚為虱目魚，還兼得了「國姓魚」的別稱。

虱目魚除了腮和膽，全身皆是烹調好材料，在養殖重鎮的台南，虱目魚湯及相關佳餚，往往是許多人的早餐首選，讓鮮甜的滋味，開啟活力滿滿的一天。

地點：台南

小吃ＢＯＸ

四百年起跳的虱目魚養殖史

台灣被納入清朝版圖時，台南附近已經
盛行魚塭養殖，當時政府還針對魚塭課
稅。在《諸羅縣志》中，有虱目魚在
「鄭氏時，台以為貴品」的文字，差不
多時期的《鳳山縣志》，則記錄台南的
風櫃門塭：「產虱目魚甚多」。

033

燒酒雞

冬日進補的好選擇

顧名思義，燒酒雞是種用米酒燒煮的料理，這是冬令時節很受歡迎的雞膳，主要食材就是米酒、雞肉、老薑，有的人烹煮時會再加入枸杞、當歸、川芎、桂枝、紅棗、茴香等中藥，依個人口味而定。在中醫裡，雞肉「肉甘溫，補虛溫中」，所以燒酒雞的補效溫和，若再加入高麗菜、大白菜等蔬菜，可以更進一步降低燥性。

燒酒雞的由來，有一則與朱元璋有關的故事，實際上燒酒雞是正宗的台式料理，中國境內幾乎沒人販售，網路流傳的食譜，也會註明台灣正宗、台灣菜，並註明要用幾度的米酒。在台灣，因為料理米酒容易取得，烹調燒酒雞相對簡單，只要買料理米酒加進去就行。烹調時，不惜重本的人以全酒燉煮，隨著煮食時間過去，酒精揮發，滋味更美妙，而酒味早已消失無蹤；不勝酒力的人則可以用半酒半水燉煮，同樣很美味。一般在食用後半小時，酒精已不太會殘留，每個人都可以放心大啖美食。

不過，在台灣經濟起飛前，這道料理並不風行，因為酒不算民生必需品，有經濟能力煮製的人並不多。直到人們的生活水準提高，這道具有調氣血、通血脈功能的料理，才走入常民的生活。冬季寒冷時，來一碗燒酒雞尤其享受，那一鍋料理中，雞肉浸潤了米酒香，而大部分的酒精在煮食時已揮發，脣齒間只感受到香濃甘甜的滋味，溫暖了身心。

地點：全台

小吃ＢＯＸ

燒酒雞的姊妹作

麻油雞的主要食材也是雞、酒、薑，但比燒酒雞多了一味麻油，是產婦坐月子不可少的補品。一般煮食時會用黑麻油（胡麻油），它的香氣濃郁，營養價值高，是進補料理的必備食材。

034

四神湯

開脾健胃的超強食補

　　四神湯是一種溫和的藥膳，也是台灣常見的庶民美食，它主要是芡實、蓮子、淮山、茯苓等四種中藥構成，具有健胃利溼、調養腸胃的功能，長期飲用有養生保健的功效。這四種藥材一起燉煮口感較澀，後來就加上豬肚或豬腸，增添潤滑感。

　　有人以為四神湯的名稱源於它具有安神的功能，但這名稱其實是來自於「四臣湯」的訛誤。在中藥的分類中，有「主病之謂君，佐君之謂臣，應臣之謂使」的說法，意思是臣藥為協助主藥發揮療效的藥物，而芡實、蓮子、淮山、茯苓正是四種臣藥。在台語中，臣和神都念作 sîn，久而久之，名稱就從四臣湯變為四神湯了，日治時期的《台日大辭典》就有收錄這個名詞。

　　至於四神湯由來，坊間流傳是乾隆下江南時，隨行的四位臣子病倒，在服下由「芡實、蓮子、淮山、茯苓燉煮豬肚」的藥方後即痊癒，從此以後，這個神奇的藥方便以「四臣湯」在民間廣為流傳，後來傳至台灣。不過中國境內幾乎找不到販售四神湯的店家，這個說法大概只是傳說罷了。

　　四神湯在台灣會流傳這麼廣，據美食家唐魯孫的說法，是因為嘉義的中藥舖益元堂。益元堂的老闆原本是船員，因長年在海上作業，營養不均衡，因而脾虛胃弱，吃不下飯，有人給他四臣湯的方子，他連續吃了一個月便胃口大開，於是就於門前設攤兼賣四臣湯，以濟世救人，四神湯也逐漸傳至全台。由於成本考量，坊間的店家多半以薏仁取代芡實和茯苓，這樣一來，卻使得藥膳的作用大打折扣，如果想要有保健的效果，記得留意四神湯採用了什麼食材。

地點：全台

小吃ＢＯＸ

稀少的甜四神

客家人有甜的四神湯，如同一般四神湯，食材中也有葷食，有的人會加小腸、排骨、有的則加豬腳，只是調味時主要則加入冰糖。另外也有加入比較常見的甜湯食材，如綠豆、百合、紅棗等。真可說是一種四神湯，各自表述。

035

湯品類

沙鍋魚頭

從街邊小食到世界小吃

沙鍋魚頭，或寫做沙鍋魚頭，這道小吃就快要超越火雞肉飯成為嘉義的代稱，為什麼這麼說呢？沙鍋魚頭是台灣餐廳常見的一道大菜，卻在嘉義以庶民小吃之姿深入嘉義人的日常餐桌，餵養了三代人的記憶與胃囊，還吸引許多觀光客慕名而來。

根據陳靜宜所寫〈台味沙鍋魚頭〉一文，提到沙鍋魚頭在台灣目前有兩條脈絡：「一是本土水庫魚版的沙鍋魚頭，另一個是調整版的江浙沙鍋魚頭。」江浙版沙鍋魚頭豆腐遙至與乾隆下江南相關，水庫版沙鍋魚頭則更顯台味，通常以水庫裡的養殖鰱魚為主，因而水庫旁常見販售此道料理的餐廳，此兩種做法及講究之處，各有擅場。

提到沙鍋魚頭就不得不提幾乎要成為此道料理代名詞的「林聰明沙鍋魚頭」。50年代的嘉義文化路上，林聰明的父親——林進卿在街邊擺小吃攤，愛釣魚的他為了消化魚獲，思考著不如在小吃攤販售自家私房菜，許多客人一吃成主顧，這道菜也從隱藏版成為定番。而後，第二代的林聰明接手家傳味道，2019年，第三代的林佳慧更帶著這家店登上知名串流平台的紀錄片，讓嘉義的魚躍上了世界。

林聰明沙鍋魚頭選用水庫肥美的大頭鰱，將魚頭、魚中身肉、魚尾酥炸至金黃，湯頭是加了大白菜、木耳、豆腐、豆皮、豬肉、蒜頭辣椒等辛香料及特製沙茶醬熬煮超過八小時而成，入口瀰漫明顯的沙茶香氣，嚐來濃郁，尾韻則有南部料理帶有的甜味，若意猶未盡，店家會再為客人加湯，當喝著冒著熱氣的這碗湯，也喝進了這座小城的濃濃人情。

地點：嘉義→全台

圖片版權：54613/Shutterstock.com

小吃ＢＯＸ

消暑的美味健康涼菜

健康涼菜也是嘉義小吃的特色之一，走進小吃店就能看見玻璃冰櫃內多彩的新鮮蔬菜，店家會選用當天尚青的青蔬，不調味直接川燙後急速保鮮，上桌時會提供蒜蓉醬油或嘉義人暱稱「白醋」的沙拉醬沾用，很道地的「嘉鄉味」。

圖片版權：David Shih/Shutterstock.com

036

湯品類

藥燉排骨

香飄十里的元氣藥膳

藥燉排骨是一種食補，原名為藥頭排骨，食用後可以促進血液循環，改善手腳冰冷的症狀，也可以減輕筋骨酸痛的情形。據說食用歷史已有幾千年，由來已不可考。早期的藥燉排骨又苦又澀，滋味並不佳，如今饒河夜市及士林夜市知名的藥燉排骨，已經過改良，清澈的黑色湯頭香味濃郁，帶肉排骨軟嫩入味，色香味俱全，不僅讓這道湯品廣為流傳，更讓它成為許多日本、香港等海外遊客來台必吃的料理。尤其在寒冷的冬天，來一碗熱呼呼的藥燉排骨，實在是十足享受。

饒河夜市的陳董藥燉排骨老闆夫婦，早期是經營服飾店，後來因為競爭激烈尋思轉行，在彰化婆家的建議下開始販售藥燉排骨。一開始由於中藥味過於濃厚，消費者的接受度不高，老闆娘便一次次調整比例，後來才調配出符合大眾口味的配方，名聲大振，也因此帶動藥燉排骨的風潮，鼎盛時期，饒河夜市曾有高達十多攤專賣藥燉排骨的店家。

無獨有偶，士林夜市的海友十全排骨，一開始是老闆蔡文宗與朋友劉輝雄共同經營海產店，但業績不好而尋求其他出路。他們考慮台灣民眾愛吃補但怕吃苦的習性，認為若能改善苦澀的湯頭，藥頭排骨應該會大受歡迎，於是找上中醫師調配藥材比例，使湯頭變得甘甜，推出後果然在士林夜市聲名鵲起，大受歡迎。十全排骨的名稱是取「湯頭十全十美」之意，與十全大補湯的藥方相比較為溫和，四季都可以食用。

地點：台北→全台

窮人的滋補聖品

戰後台灣物資缺乏、經濟差，窮困的人
民為了補身體或是讓小孩轉骨，多半用
排骨加入中藥材燉湯，因為那時排骨便
宜，甚至可以免費取得。這種排骨的肉
及油脂不多，燉煮出來的藥燉排骨又苦
又澀，是名符其實的「藥」膳。

037

湯品類

魚丸湯

大海的鮮味盡在這一丸裡

魚丸湯在華人地區是很常見的湯品,而在台灣,或許是與四面環海的地理環境,魚丸種類特別多,而且各有特色,如北部的淡水鯊魚丸、南方澳鬼頭刀魚丸,以及南部的臺南虱目魚丸、高雄旗魚丸,離島的澎湖狗母魚丸、馬祖白力魚丸等。全台縣市也各有知名的魚丸湯店,甚至連不靠海的南投縣也有,可見它與常民生活密不可分的程度。

魚丸的製作方式,是將魚切除頭尾、取出內臟、剔除魚刺後剁碎攪拌,在攪拌的過程中,會溶出鹽溶性肌凝蛋白,使得魚肉泥逐漸變成有黏性的魚漿,之後再將魚漿捏成球狀就完成了。以新鮮的魚肉製成的魚丸鮮美爽脆,營養成分也保留最多,所以台灣各地出現的魚丸代表當地的盛產魚類。從這個角度來看,魚丸簡直是另類的台灣魚類地圖。

魚丸湯簡單易做,只要買到新鮮魚丸就不易失手。煮食時先將水煮滾,丟入魚丸煮至浮起,再加入鹽巴、撒上蔥花即可上桌。此時魚丸的鮮味早已融入湯頭,讓食用者的唇齒間充盈著大海滋味。

知名店家的魚丸湯當然沒有這麼簡單,為了確保品質,每家的魚丸都是自己製作的,有的會有包豬肉內餡、有的添加油蔥酥、有的加了花枝塊、有的加香菇,總之各有美味配方,唯一相同之處就是以新鮮魚貨製作,所以口感都極為彈牙。更有一些店家很「厚工」,湯底以豬大骨熬製,讓山珍海味濃縮在一碗魚丸湯裡,讓人一吃就愛上。

地點:全台

小吃ＢＯＸ

為湯底畫龍點睛的貢丸

貢丸是和魚丸一樣受歡迎的庶民小吃，以豬肉搥打而成，有人說它自帶濃縮高湯，只要在煮湯時丟入貢丸，即使是白開水也會立刻變鮮甜。貢丸最重要的製作步驟是搥打，台語稱為「摃」（kòng），因摃、貢台語同音，人們誤寫後變成約定俗成的名稱。

參

鹹｜點｜類

038

麻豆碗粿

因地利之便而打出名聲

鹹點類

粿是一種用米當主材料的食物，依加入的配料而有各式各樣的粿，甜的、鹹的、蒸的、炸的，其中最常見且能在小吃攤以主食販售的，應該只有碗粿。

台灣最早出現碗粿描述的文獻，是日治時期的《水竹居主人日記》，描述用碗粿作為祭祖供品。其由來據說是台灣以米食為主，由於有許多稻作，一時吃不完的就儲存起來，但舊米因為水分流失，煮成米飯風味較差，便有人將它磨漿放在碗中蒸煮，成為方便食用的碗粿，而後經過不斷改良，演變成如今台灣的特色小吃。

而麻豆碗粿之所以聲名大噪，是由於位於麻豆交流道下的「阿蘭碗粿」所致。阿蘭碗粿的創始人阿蘭一開始販售碗粿的生意並沒有很好，後來中山高速公路通車後，南來北往的大卡車司機要填飽肚子，就會到阿蘭的攤位吃碗粿，因為物美價廉，阿蘭碗粿在司機中口耳相傳，連帶使得麻豆碗粿打開知名度。

麻豆碗粿一般使用在來米的舊米磨成米漿，再與油蔥、蝦米、碎肉、香菇、蛋黃等一起炊煮，成品的口感軟嫩綿密，在米香中又有油蔥及肉香，香氣四溢，讓人回味無窮。

由於經過高溫蒸煮，剛出爐的碗粿較為溼軟糊爛，待它冷卻，碗粿的中間會稍微凹陷，口感也轉為Q彈，滋味最是迷人。近年來有麻豆人回鄉接手長輩的碗粿攤位，並用羅勒、迷迭香研發出義式香草口味的碗粿，創新的口味，為傳統美食增添新風貌。

地點：台南

小吃BOX

純米炊蒸的白碗粿

有別於南部麻豆碗粿在蒸煮時已加入許多配料，北部碗粿是客家版本，以純米漿炊蒸，所以通體潔白，食用時再加入菜脯、豆乾、碎肉等，米香更明顯。因為碗粿本身沒什麼味道，會淋上醬油膏與蒜蓉一起食用。

039

大腸包小腸

唇齒留香的台式熱狗

鹹點類

　　大腸包小腸是臺灣風味十足的小吃，大約於2000年開始流行於台灣夜市。它是將體積較大的糯米腸切開後，包住體積較小的台式香腸，再加上許多配料而成，與美式熱狗有異曲同工之妙。

　　糯米腸和香腸都不是台灣獨有的食物，但只有台灣把它們夾在一起食用。這種吃法的起源已不可考，但在台中逢甲夜市，有兩家業者皆聲稱自己是大腸包小腸的創始店，並為此大打出手，還因此登上新聞版面。

　　以前還沒有大腸包小腸時，台灣南部已有許多攤販同時販售這兩種美食，但只有香腸吃不飽，只吃糯米腸太單調，許多人會同時點「大腸香腸」一起吃。

　　大腸包小腸是以碳烤而成，每家的口味除了受到獨門醬料影響，炭烤功夫亦是美味與否的關鍵。要把糯米腸烤得軟綿熟透、香腸烤得油亮噴香又不致過焦，需有足夠的經驗。經碳烤後散發的香氣，常引人食指大動，甚至不用招牌，就能讓饕客聞香而來。

　　販售時則在切開的糯米腸裡先加入烤過的蒜片或台式酸菜，再放入香腸、塗上醬料即完成。廣為流行後，配料也越加越多，如醃黃瓜、花生粉、九層塔等，堪比豐富的潛艇堡。

　　組裝完成的大腸包小腸有一定的分量，為了方便食用，許多店家會把大腸包小腸裝在紙袋中捲成長條狀，吃的時候只要旋轉紙袋下方，不需要餐具也不用沾手，就能品嘗到美味。

　　這道人氣小吃，不僅曾獲台北米其林名單推薦的美食，在CNN旅遊網站中也被列為「不能不吃的台灣小吃」之一，受歡迎程度可想而知。

地點：台中→全台

小吃ＢＯＸ

巫婆的手指

糯米腸外面薄薄的透明腸衣，原本是用豬大腸，由於口徑不一，使得每條糯米腸的形狀都不太一樣，有如巫婆的手指般歪七扭八。因為天然腸衣柔軟易破，現在多半都以可食性人工腸衣取代，成品的大小粗細就能幾乎一模一樣。

040

淡水阿給

台灣原創好味道

　　淡水除了有浪漫迷人的夕照，也有許多知名小吃，而阿給就是其中一項。它起源於淡水，即使出現至今約有一甲子，在淡水以外的地方仍舊不常見。據說知名藝人周杰倫高中在淡江中學求學時也常吃阿給，還有店家因此推出包含阿給、包子、魚丸湯的「周杰倫套餐」來招攬生意。

　　阿給是日文的音轉，其實就是油豆腐，日文稱為「あぶらあげ」（abura a ge），簡化後只留下後面 a ge 的音，所以叫阿給，是由受過日本教育的楊鄭錦文所發明。早年楊鄭錦文與丈夫在淡水以販賣炒飯、炒麵、炒米粉等維生，由於收攤後有時會有剩餘食材，在不想浪費食物的心態下，想到日本人用油豆腐包食物的做法，便利用其概念仿製，進而出現這種名字由日語而來，本身卻很台式的小吃。

　　製作阿給時，要先將油豆腐切開挖空，再填入與肉臊一起炒過的冬粉，最後用新鮮魚漿封口再蒸煮，等上桌前再淋上甜辣醬或特製醬汁即成。有些店家為了使口感更豐富，會在魚漿中加入紅蘿蔔絲。

　　這個大約拳頭大小的阿給，要讓油豆腐、冬粉與魚漿都吸飽醬汁再吃會更美味，許多饕客會在食用前剝開阿給，讓食料與醬汁徹底融合。而且內行人還有特殊的吃法：冬天要配熱騰騰的魚丸湯，夏天則配沁涼的冰豆漿。那軟嫩的豆皮及鮮甜的魚漿，一口咬下層次分明，咀嚼時則鹹香四溢，交織出迷人的風味，難怪會風靡全台。

地點：新北

小吃ＢＯＸ
不輸阿給的基隆豆干包

豆干包是屬於基隆人的古早味，
它和阿給都是用魚漿包覆著油豆
腐，看起來很相似，但最大的差
別在於餡料。豆干包的餡料是翻
炒過的絞肉，完全沒有冬粉，嘗
起來肉香更濃，包覆的魚漿也較
多較密，所以口感較為Q彈。

東山鴨頭

041

令人吮指回香的東山黑金

著名的台灣小吃「東山鴨頭」，起源地在台南東山，那酥香油亮的外觀與精心滷製的滋味，往往讓人連舌頭都想吞下去。早期東山並不養鴨，很多人也不太清楚它在哪裡，東山鴨頭卻馳名全台，其魅力可想而知。

創始人黃瑞祥早年生活貧苦，曾至白河學習滷味的煮法。1960年代，他回到東山，推著攤車在酒家旁販售鴨頭、滷大腸、香腸等滷味，有時會有剩下的鴨頭，於是他開始思考要如何延長保存期限。當時冰箱尚未普及，他除了增加滷製時鹽、糖的比例，還想出了滷過再炸的做法。新的滷製手法使得鴨頭外酥內嫩，大受歡迎，名聲逐漸傳開。

1974年，黃瑞祥的兒子籃武雄接手滷味攤，有消費者反映滷味太鹹，他便著手進行第二次改良，除了降低鹹度，同時再增加甜度，也決定捨棄其他利潤較低的食材，專攻賣鴨頭。幾年後中山高速公路全線開通，東山鴨頭的名頭也不脛而走，越來越響亮。

東山鴨頭從清洗、拔毛到滷至入味，至少要四、五個小時。為了避免滷製時鴨皮收縮而導致口感差，還要用竹籤撐住鴨脖子開口處，製作過程極為繁瑣。滷過再炸的方式，讓鴨頭散發滷汁香氣，並讓它有著豬肉乾絲絲分明的肉質，但又比肉乾更順口，難怪能在台灣小吃裡占有一席之地。

如今販售東山鴨頭的攤位全台各縣市都有，成品那黝黑發亮的誘人色澤，就如同美味的符碼，召喚著人們品嘗，令人吃了還想再吃，回味無窮。

地點：台南→全台

小吃ＢＯＸ

東山除了鴨頭，咖啡也飄香

日治時期，曾在日本人開設的咖啡試驗農場工作的曾綠波，將阿拉比卡咖啡豆種苗帶回崁頭山栽植。由於土壤、氣候適宜，出產的咖啡豆品質非常良好，後來在175號公路，陸續開設各具特色的咖啡店，形成東山咖啡走廊。

042

台南棺材板

洋味十足的台式小吃

鹹點類

棺材板是台南的特色小吃，名字看起來雖然很驚悚，但它應該算是一種西式點心。為什麼會說「應該算」呢？這就要從它的由來說起了。

棺材板的創作者是赤崁點心店的老闆許六一，日治時期曾被派去南洋當軍伕，戰爭結束回到台灣，在台南賣起了鱔魚意麵和八寶滷飯維生。接著韓戰爆發，美國協防台灣，因此台南多了許多美軍，許六一嗅到商機，就和軍中會做西餐的袍澤一起作西餐賣起了午餐。有一次，他在成大附屬工業學校（國立成功大學前身）的教授朋友想要吃新奇的點心，許六一靈機一動，參照西式酥盒的做法並加以改良，先將整塊吐司炸到金黃色，中間挖空後填入雞肝、墨魚等中式配料，並加入以牛奶勾茨的濃湯，製成「雞肝板」。這道點心讓朋友大為讚賞，需且覺得它的外形很像棺材，便將之命名為棺材板。或許是棺材板的名字過於駭人聽聞，所以一開始只是人們口耳相傳，直到1959年，店招才正式寫上棺材板的名稱。有趣的是，這道小吃流傳出去後，有些店家取其諧音改成「官財板」，瞬間變成吉利兆頭。

在早期物資缺乏的年代，雞肝算是高級食材，但因應時空變化及現代人的健康需求，第二代的許宗哲便將配料做了改良，將雞肝改為雞肉、海鮮及蔬菜。

食用棺材板時，最好先吃香酥的棺蓋（吐司蓋），再嘗吐司裡的餡料及濃湯，一口咬下，最是滿足。這道美食曾吸引美國有線電視台CNN前來報導，而且使用的是Coffin Bread、Coffin Toast的名稱，不知道外國朋友看了，是不是也覺得新奇呢？

地點：台南

043

滷味

怎樣都好吃的無敵美味

鹹點類

滷味並不是特定食物,而是指用「滷」的烹調方式料理的食物,一般是使用醬油、香料、酒製成滷汁,再長時間燉煮食物使之入味。在台灣大都市,滷味攤的密度很高,夜市更是少不了它,而且各家滷味的配方不同,滋味也殊異,看似一種小吃,卻吃出了五花八門的名堂,不僅亞洲其他國家也可見台灣滷味身影,更有遠渡重洋在美國紐約販售的。

有學者認為台灣滷味源於中國,但兩者差異極大,光是煮製手法就不同。台灣的滷味開火煮製後,需要再經過燜浸,讓醬汁燜入材料內。在香料的選擇上,捨棄八角、茴香、肉桂等味道濃郁的香料,使得口味較為清淡。而在滷汁方面,也為了健康,講究滷汁的新鮮度,不使用反覆加熱的老滷汁,所以顏色顯得較淺淡。

這個老少咸宜的國民小吃冷熱皆宜,但最早是冷盤,通常滷製好後便讓它放涼,由於有鹽分,具有基本的保存功能,待要食用時現切即可,是麵攤裡常見的配菜;也常被拿來當下酒菜,在三五好友聚會時食用。後來逐漸出現熱滷味,與冷滷味相較,它更像是正餐,受到趕時間的上班族與學生族歡迎。

過去它主要食材不外乎豆製品、甜不辣、米血糕、海帶,國人愛食用的內臟類,以及眷村味滷牛腱牛肚等,隨著健康意識抬頭,逐漸加入菇類、木耳、白蘿蔔等各式各樣的蔬菜,後來更加入泡麵、冬粉等能增加飽足感的品項。時至今日,甚至連干貝、牛排、松阪豬等高級食材也有人使用,為滷味注入一股奢華感。

地點:全台

圖片版權：liu yu shan/Shutterstock.com

小吃ＢＯＸ

百滷爭鳴

除了用醬油熬煮的滷味，滷味還有多種變化。由於台灣早期產蔗糖，所以出現了用蔗糖煙燻的鴨舌雞翅，表皮包覆著焦糖香，香味撲鼻；眷村裡則有白滷味，不加醬油，僅使用高湯與鹽滷製，帶了淡淡的中藥香，口味清爽。

圖片版權：Caroline Sun/Shutterstock.com

044

蚵嗲

有如金黃色飛碟的食物

蚵嗲（ô-de）是一種油炸類小吃，全台各地都有，但以彰化王功的蚵嗲最出名，不過在王功，是以蚵仔炸稱之。同樣的食物到了南投，稱為扣仔嗲（khok-á-te），在台語中，扣仔意指小盒子。蚵嗲是台語的音譯，正確的寫法是蚵炱（ô-te），或許是炱太冷門，人們便用音近字的嗲取代。至於為什麼會有這麼特別的名稱，要從它的來源說起。

蚵嗲的作法，來自中國的福州，當地有一種食物叫「蠣餅」，發音為diê-biāng，就是用麵粉漿包裹著豬瘦肉、蚵仔、芹菜等餡料，再油炸而成。福州話的蚵仔，發音近似「爹」，美食作家魚夫推測，有可能是台灣人與福州人同時看到蚵，台灣人說ô，福州人說diê，最後以蚵嗲稱呼。

福州的蠣餅餡料多樣化，蚵仔比較像是點綴性質，有些地方甚至只放一隻，要吃到蚵仔，彷彿在進行尋寶遊戲。而台灣的蚵仔養殖業發達，傳來台灣後，因地制宜的取消其他餡料，獨留滿滿的蚵仔與韭菜，成為台灣專屬的美味小吃，並如法炮製，做出花枝嗲、蝦仁嗲、豬肉嗲等口味。

王功的蚵嗲之所以出名，在於它使用珍珠蚵當原料，它受到漲退潮的影響，不會整天都浸泡在海裡，導致生長緩慢，體型較小但香甜紮實，外皮除了麵粉，還混合在來米與黃豆，口感更酥脆，蔣經國先生也為之傾倒，常到此品嘗美食。

剛炸出來的蚵嗲香氣四溢最美味，一口咬下，那香酥的外皮、豐美的內餡與韭菜香氣完美融合，令人心滿意足。

地點：全台

小吃ＢＯＸ

馬祖蟶餅

由於蚵嗲起源於福州，在地理位置
上與它相近的馬祖也少不了類似的
食物，稱為蟶餅。蟶餅的內餡沒有
蚵，但有豬肉、米粉、高麗菜、荷
包蛋，當地人多半與鼎邊糊搭配，
當成早餐食用。

蚵仔煎

征服饕客的胃

2007年6月,《遠見》雜誌舉辦外食調查,在民眾認為最能代表台灣料理的問題中,蚵仔煎榮獲第一名。同年10月,由經濟部商業司舉辦的「外國人台灣美食排行No.1票選活動－小吃」中,當場60位外國人試吃評選的結果,蚵仔煎又摘下冠軍寶座。從此以後,只要提起台灣小吃,蚵仔煎都是名列前茅的存在。

蚵仔煎是在大的平底生鐵鍋上油煎,煮製時先下青菜及蚵仔,再淋上番薯粉和水勾芡的粉漿,最後打上一顆蛋煎熟,待起鍋時再淋上海山醬即成。由於使用番薯粉,成品表皮為透明狀,中間較厚之處Q軟,邊緣較薄處焦脆,搭配鮮美軟嫩的蚵仔,口感富有層次,難怪可以成為台灣美食代表。

關於它的由來眾說紛紜,有一派認為它與中國的海蠣煎、蠔餅,新加坡、馬來西亞的蠔煎做法有相似之處,推測是起源於中國,經由華人移民流傳至各國。中國的海蠣煎將蚵仔、番薯粉攪拌後,放入油鍋煎,最後淋上蛋液而成,比較像是蚵仔蛋餅,蚵仔粒粒分明,與台灣蚵仔煎的一體成形不同。

有一派說它是鹿港一位郭先生所創,日治時期,他從海軍退伍,在天后宮前擺攤販售海產小吃,由於蚵仔的腥味較重,他就發明了蚵仔煎,受到普羅大眾的喜愛。另一派與鄭成功有關,當時他率軍與荷蘭交戰,因為沒有米糧,便就地取材做出蚵仔煎。

不管它的由來為何,蚵仔煎的美味都無可否認。由於有些人不喜歡蚵仔的味道,腦筋靈活的台灣人觸類旁通,做出蛋煎、蝦仁煎、花枝煎,造福了廣大的饕客。

地點:全台

小吃ＢＯＸ

端午節吃蚵仔煎補天

煎餚（或作煎堆）是台南安平、彰
化鹿港的傳統點心，有鹹甜兩種，
甜的加冬瓜糖和花生仁，鹹的加蚵
仔、豬肉糜、蝦等，加蚵仔的即是
如今的蚵仔煎。早期端午節不吃粽
子吃煎餚，就是希望將天的破洞補
好，以終止梅雨季。

客家鹹湯圓

象徵圓滿團聚的鹹香味

冬至吃湯圓是由來已久的習俗，因為古人將冬至視為一年的開始，當天要搓湯圓來祭拜神明及祖先，吃湯圓除了象徵與親友團圓，也有添歲的意思。最早的湯圓是沒有包餡的紅白二色小湯圓，白色代表人緣、紅色代表喜氣，所以兩種都要吃，包餡的湯圓是後來才流行起來，而且一般閩南人是以紅糖水煮成甜食，客家人則習慣加肉及蔬菜，做成鹹食。

對於湯圓，台灣客家庄隨著地域的不同而有許多稱呼，桃園稱「雪圓」，新竹、苗栗喚「粄圓」，東勢、西螺叫「惜圓」，高屏、六堆則是「圓粄」，雖然相異，但都帶有圓滿及好緣的寓意。

在吃法上，南北部的客家人也有差異，但基本上都會有茼蒿、肉絲、香菇、蝦米、韭菜等配料，而且都很費功夫。北部客家鹹湯圓承襲傳統，多吃不包餡的小湯圓，配料在湯裡。煮食時，各種配料要分開炒製，以展現每種食材的滋味，小湯圓則在滾水中煮到浮起來，之後再將湯圓與配料放入熬煮好的湯頭裡，並灑上油蔥酥提味。

南部客家鹹湯圓則包有絞肉、紅蔥頭、香菇、蝦米等餡料，也需經過炒製，再包入糯米團中。煮食時一樣先把湯圓煮好，再放入高湯裡。由於已包有豐富的內餡，湯裡多半再加上茼蒿，撒上芹菜即上桌。有些人會直接乾吃湯圓，軟Q的外皮與鹹香的內餡，口感層次極為豐富。

地點：客家地區

圖片版權：chuck hsu/Shutterstock.com

小吃ＢＯＸ

湯圓、元宵傻傻分不清楚

冬至吃湯圓，元宵節則吃元宵，兩者同是糯米製品，但是湯圓是用搓的，元宵是用搖的。製作時要將餡料切成小方塊，沾水後放入滿是糯米粉的竹篩開始搖動，讓內餡裹上糯米粉，並重複沾水、裹粉的動作數次，元宵即成型。

烤玉米

鹹點類

灌注生命熱情炭烤出的美味

地點：全台

烤玉米，台語又稱「燒番麥」或「烘番麥」，是台灣夜市常見的美食。不過，你知道台灣的烤玉米方式不斷變化，且還有三種烤法嗎？

烤玉米這種小吃是什麼時候開始在台灣販售，目前難以確認。不過可以確定早在1950年代就已經有烤玉米。當時使用的玉米品種都是使用最早傳入台灣的白玉米，主要做法是先把玉米煮過，客人挑選後便刷上醬汁，在炭爐上烘烤。目前這種烤法的烤玉米仍然很常見，且因處理起來較方便，通常也最便宜。

第二種烤玉米則是從台南發跡的「石頭鄉烤玉米」。主要是將玉米連穗葉一同丟入小石子堆當中，用熱石頭燜玉米，等客人來時，再剝掉葉子，在碳爐上替玉米刷醬、烤熟。這種烤玉米雖然比前一種貴，不過滋味更好。有些較用心的店家還會戳破玉米粒，讓醬料在燒烤時更入味。

最後一種就是最費功夫的生烤玉米，發源於北部（莫羽靜稱為「多重醬烤白玉玉米」），主要做法是先把玉米用炭火烤過一遍，用刷子去掉烤焦的玉米鬚，接下來有的店家會把玉米粒札破，之後重複刷醬、翻面的程序，直到玉米烤熟。有些店家會使用機器協助翻面。

這種烤玉米相當費功夫，烤一支時常要十五分鐘左右，而這也反應在價格上，其價格甚至可以是水煮後烘烤玉米的兩到三倍。不過，這種烤玉米的滋味也最好，經過長時間的烘烤，玉米表層的醬料時常被烘烤到咬起來脆脆的，且深深滲入玉米粒當中，相當入味。只要吃過一次，保證讓你印象深刻。

圖片版權：robbin lee/Shutterstock.com

小吃ＢＯＸ

賭神電影也有烤玉米

台南著名的「南都石頭鄉烤玉米」
曾經出現在 1994 年上映的電影
《賭神 2》其中一幕。時隔多年，
連鎖的烤玉米店家「石頭鄉」宣稱
自己 1997 年就註冊「石頭鄉」作
為商標，還控告南都侵權，好在有
電影畫面為證才還他們清白。

圖片版權：BORIMAT PRAOKAEW/Shutterstock.com

048

香腸熟肉／魯熟肉

總鋪師的自信手路菜

鹹點類

在嘉義稱為「魯熟肉」的小吃，在台南被叫做「香腸熟肉」，可謂是這兩地人的早點或下午茶，午茶的點心並非甜食，而是食肉？這到底是什麼樣的料理呢？

「香腸熟肉」是早年總鋪師沒有接到「辦桌」委託，為了在正業之外的休期仍有收入而發展出來的，至於為何有此稱號，長期研究台灣小吃的作家魚夫為我們指點了迷津：「熟肉指的是『金錢肉』，這一味料理起來很複雜，要用金錢來買才吃得起。那又為什麼是香腸領頭？因為做這一行，香腸做得好不好是關鍵。」當「香腸熟肉」到了鄰近台南的嘉義，改稱「魯熟肉」，這道別具風土特色的小吃就這樣在此兩地生了根。

來到時常擠滿人的魯熟肉攤位前，其實不僅只有肉料理，眼所及的是琳瑯滿目的菜色品項，鮮蔬、海鮮、香腸、豬內臟鋪開整個攤位，甚至也販售米粉湯、肉燥飯等小吃，每項都讓人食指大動。其中最特別的是「蟳丸」（嘉義稱為「蟳粿」），有「丸」字卻非圓形，如同菜頭粿的糕塊狀，以麵粉、豬肉、荸薺……等食材蒸熟，上面淋上一層蛋，像披著蟹黃一般，傳衍至今真正加入蟹肉的店家已不多，嘉義的吃來有荸薺脆脆口感，而台南則以綿密見長。每一項都是清早就要開始準備，馬虎不得的，料理過的食材以原味呈現，再搭配店家特調的沾醬享用。

過往「香腸熟肉」是富裕階層的點心，今日庶民隨時就能品嘗到展現總鋪師手藝的功夫菜，想吃什麼自己隨興組合，價格也十分親民，一不小心就會點滿一整桌澎湃。

地點：嘉義／台南

小吃**BOX**

和「黑白切」無法畫上等號

根據作家魚夫的觀點，「黑白切」是約於1989年左右才出現的詞，通常由中央廚房製作，而「香腸熟肉」則備料、做法、切工都很費心思，「兩種飲食文化迥然不同，不能相提並論。」

049

臭豆腐

不臭不好吃的國民小吃

鹹點類

臭豆腐是一種「聞之臭、食之香」的料理，在台灣很受歡迎。它矛盾的臭香味，是蛋白質發酵所產生，那強烈的味道，曾被外媒評選為世界上最古怪的食物，甚至有外國人形容臭豆腐讓他們得到創傷症候群。

臭豆腐的做法源自於中國，國民政府撤退來台時也一同傳入台灣。不過當時的臭豆腐是用水分較少的豆腐塊製作，油炸後剪成易入口的大小，再淋上蒜蓉和醬油食用，接受度不高，後來經過台灣人的改良，除了降低刺鼻感，更賦予它美妙的風味，使得台灣的逐臭之夫越來越多，而且還出現千變萬化的吃法。

最經典的台式臭豆腐是油炸口味，它有一個很大的特色，就是一定要搭配酸酸甜甜的泡菜，而且北中南的吃法還有略微差異，北部多為三角形，中部會在臭豆腐中間挖一個洞，再塞入泡菜和醬料，南部則是小方塊狀，搭配偏甜的醬料。

清蒸臭豆腐則是將生臭豆腐以清蒸的方式烹調，通常會淋上店家的祕製滷汁及碎肉一起蒸，上桌時可以連湯一起品嘗。不僅可以吃到臭豆腐原味，口感也比較軟嫩。後來有人從清蒸臭豆腐得到靈感，進而出現臭豆腐火鍋——臭臭鍋，通常會搭配火鍋料、鴨血、大腸等食材。不久後，人們又從麻辣火鍋的概念，衍生出麻辣臭豆腐，是嗜辣者的最愛。

炭烤臭豆腐從新北市深坑發源，在夜市裡很常見。它是在炸過的臭豆腐上塗抹醬汁，再以炭火烤熱，臭香味已大幅減少，口感外酥內軟，在臭豆腐界人氣很高。

雖然許多外國人無法接受臭豆腐，但不可否認的，它台味十足，是許多離國遊子最想念的家鄉味之一。

地點：全台

小吃ＢＯＸ

臭到被罰錢

環保署有一套臭氣指數，依《空氣污染防制法》規定，非工業、農業區的臭氣濃度標準值是10。2007年，有一家臭豆腐因為太臭被檢舉，經檢測後它的臭氣指數是30，被開罰了10萬元，或許也說明了它的真材實料吧。

050

香雞排

邪惡銷魂的國民美食

鹹點類

金黃酥脆、香氣四溢的雞排，向來是許多民眾無法抗拒的美食。與珍珠奶茶搭配更是一絕，是下午茶的定番組合，即使熱量爆表，饕客還是前仆後繼。台灣人有多愛吃雞排，看農委會的統計就知道。根據2011年的資料，當時台灣人每天吃掉25萬片的雞排，以每片2公分計算，相當於10座台北101大樓。到了2019年更進一步，一年產量上看4.4億片，年商機高達264億。這牽動著人們心魂的小吃，是100%台灣原創，而且發明的時間距今不久，是由台北市的「鄭姑媽小吃店」所創。

早期鄭姑媽小吃店開在小眷村中，一開始販售三明治與漢堡，後來賣起了中式料理。由於來店的顧客不外乎鄰居與學生，創辦人鄭光榮與妻子不斷構思，想讓顧客以銅板價吃到美食，便將主意打到雞胸肉上。因為相較軟嫩的雞腿，雞胸肉質較乾柴，所以台灣人愛雞腿勝過雞胸，使得雞胸的價格相對低廉。鄭姑媽先以中藥材醃製雞胸，再下鍋油炸，香酥多汁的香雞排便因此在1980年代誕生了，並逐漸攻占大街小巷。

2007至2009年，許多人因為金融海嘯而失業，為了謀生，不少人踏入門檻較低的炸雞排行列，使得當時的雞排品牌蓬勃發展，面對競爭激烈的市場，口味創新就成了不二法門，一開始是灑上梅子、海苔、辣椒等各種調味粉，後來出現加了起司、干貝香蔥餡料的、改用碳烤、焗烤等烹調方式的，以及結合韓國泡菜、泰式酸辣等異國風味，每一種都各有特色，讓人一吃就上癮。

地點：台北→全台

小吃ＢＯＸ

雞排祭品文文化

由於雞排很受歡迎，台灣網友常用雞排來打賭，例如「如果怎樣怎樣，就請ＸＸ份雞排給大家」，稱為祭品文。後來政治人物和名嘴也在選舉時運用，往往在媒體或社群網路上引爆話題，成為台灣特殊的現象。

051

豬血糕

珍惜物資衍生的美食

豬血糕又名米血糕，是用新鮮豬血加糯米炊煮而成，口感軟糯、風味樸實，而且價格親民，不僅可以當點心，也可以當菜餚，還有人乾脆拿它當主食，是許多台灣人從小吃到大的美食。

豬血糕的出現，展現了台灣人的創意與不浪費的個性。二次大戰結束後，物資極為缺乏，人民也很窮困，有時候連吃飽都是難事，更不用說吃到肉類了，所以若有屠宰豬隻，就要將牠的全身做最極大化的利用，以免浪費。過去在台北市昌吉街、蘭州街一帶的屠宰場，攤商會丟棄不要的豬血，有些民眾就會去要來煮成豬血湯，或許是不夠有飽足感，當時就有人靈機一動，將豬血與糯米混合蒸熟，從此出現了豬血糕這種獨特的台灣小吃。

好吃的豬血糕有幾個關鍵要素，在柔軟中要含有彈性與嚼勁，所以使用的豬血一定要新鮮，而且一定要用糯米，因為它的黏度高，口感也較柔韌。而豬血糕的吃法一樣有南北之分，北部的吃法是蒸熟後沾上醬汁，再裹滿厚厚的花生粉，並灑上香菜；南部的吃法則是蒸熟後沾點醬油膏或是甜辣醬，搭配薑絲直接入口。

現在，豬血糕已不止是一道小吃，它更是一種食材，不僅可以蒸、炒、炸、滷、烤，也可以放入麻油雞、薑母鴨湯中當火鍋料，口感風味雖然不同，滋味卻各有千秋。由於受到普羅大眾的喜愛，連披薩、洋芋片，也都曾推出豬血糕口味，台味十足。

地點：全台

小吃ＢＯＸ

一種豬血，兩種態度

豬血糕曾被英國旅遊網站封為「全球十大最怪食物」榜首，外國人覺得豬血比蚱蜢、蛾幼蟲更可怕。有趣的是，英國人常見的早餐「黑布丁」，是以豬血、豬肉、燕麥、香料等做成，食材中雖然也包含了豬血，卻是他們熱愛的食物。

052

竹山番薯包

小鎮限定的美食

鹹點類

番薯包又稱竹筍包、地瓜包，外觀像包子，但口感完全不同。它的外皮Q軟，內餡鹹香，品嘗時地瓜香、筍香、絞肉香撲鼻而來，交織成層次豐富的口感。早期台灣客家農村都可以看到，隨著產業形態的轉變，番薯包也逐漸消失在大眾眼前。

如今最知名且販售店家最密集的，就數南投的竹山鎮了，全台在竹山鎮以外的地方找不太到販售的店家，究其原因，可能是因為竹山盛產竹筍，又有美味地瓜，正好都是番薯包所需原料，因而能歷久不衰。

番薯包的由來目前沒有定論，但有可能是從客家傳統粄食演變而來。眾所皆知，客家人是很會利用米製成各種粄食的族群，據說二次大戰時物資缺乏，稻米被日本政府徵用，人民沒有稻米可以飽腹，便大量種植樹薯，並從樹薯塊莖中取出澱粉製成樹薯粉，用來代替米食。

番薯包的外皮，是以蒸熟的地瓜打成泥後，與樹薯粉一起揉製而成，內餡則以筍塊、絞肉、香菇、蝦米、胡椒一起爆香，待冷卻後加入紅蔥頭提味，再包入地瓜糰內。樹薯粉會使得成品口感Q彈，所以若是自己DIY，喜歡有嚼勁的，揉製外皮時可以多加一點樹薯粉，喜歡地瓜味濃一點，就多放一些地瓜泥。

一般番薯包多半是黃色，隨著紫心地瓜、紅肉地瓜等不同品種的番薯出現，現在也有紫色和橙色的番薯包，色彩變得更亮麗，味道一樣迷人。

地點：南投

圖片版權：許宸碩

圖片版權：許宸碩

053

茶葉蛋

簡單所以美味

人類吃蛋的歷史已超過上千年，它非常營養，而且可以製作的料理千變萬化，熱量又低，是許多人不可或缺的食物。在台灣，最容易買到的蛋料理應該就是茶葉蛋了，市場攤販、各大超商和賣場都有販售，甚至還出現茶葉蛋的連鎖品牌。台灣人有多愛吃茶葉蛋呢？有人研究2021年三大超商的發票資料，發現不管是哪一家超商，台灣人最常購買的品項都是茶葉蛋，不僅三餐時段，連點心宵夜時間也很熱門。

根據清代文學家袁枚在《隨園食單》中的記載，古代茶葉蛋的調料只有鹽巴與茶葉，不加醬油，與現代茶葉蛋的煮法已有差異。煮茶葉蛋時，要先將雞蛋煮熟，稍微敲一下蛋殼使之破裂後，再把它與五香滷包、醬油、茶葉一起滷煮。滷包的配方多半有八角、小茴香、花椒、甘草等，每個販售者都有自己的獨家祕方。使用的茶葉以紅茶、烏龍茶等皆可，但是未發酵的茶如綠茶較不適合，以免煮出苦澀味。煮製時間也有講究，一旦過久會使茶葉蛋太乾，影響風味。重要的是要長時間浸泡，讓茶香與滷汁得以從裂紋滲入蛋內。好吃的茶葉蛋，琥珀色的蛋白上會布滿漂亮的花紋，而蛋黃綿密猶帶溼潤，令人忍不住一口接一口。

在白河關仔嶺有一種「香菇蛋」，是茶葉蛋的變化型，它在煮製時多加了香菇和玉米鬚。這是1914年台灣總督佐久間佐馬太到台灣訪察，關子嶺居民特別製作的。總督吃完後非常驚豔，將配方傳回日本皇室，使它一度被欽點為招待日本外賓的御點，若前往關仔嶺泡溫泉，不妨品嘗一番。

地點：全台

小吃ＢＯＸ

另類的物價指數

在台灣，茶葉蛋不僅是庶民小吃，也是物價指數，有沒有通貨膨脹、薪水漲幅高低，都可以用茶葉蛋的賣價來衡量。比起官方公布的數字，茶葉蛋的價格顯然更貼近人們生活，也更有感。

054

生煎包

上軟下脆才好吃

鹹點類

有句話說「小籠喝湯，生煎吃皮」，可見生煎包的靈魂在於皮。好的生煎包外皮講究上半鬆軟下半香脆，上半部白嫩有嚼勁，底部則要煎至金黃焦酥，截然不同的口感在同一顆比乒乓球大一點的生煎包上顯現，是它最大的特色。

生煎包是中國上海的傳統麵點，在上海稱為生煎饅頭，是當地街頭巷尾常見的美食，它會來到台灣，是由於台北市永康街的高記創始人高四妹帶來的。高四妹是浙江人，1943年，16歲的他到上海拜師學藝，習得上海點心的製作方式，1949年又隨著國民政府落腳台北，從路邊攤開始做起生意，販售上海點心，其中一項就是生煎包，隨著品嘗過的人越來越多，生煎包的美味也逐漸流傳開來。

生煎包採用是半發酵的麵皮，與小籠包的皮相似，都是皮比較薄，製作內餡時，要分次將高湯加入豬絞肉內攪打，如此在煎完後才會多汁紮實的內餡，吃起來才滿足。在煎的時候，傳統是以有皺褶的那面朝下，因為半發酵的麵皮在打褶處口感較乾硬，煎過後則改頭換面，出現酥脆的迷人口感。

跟所有其他的料理一樣，在台灣落地生根的生煎包也走出了自己的風格，不僅講究好吃的麵皮，湯汁還要多到像噴泉，因此有店家歸納出食用步驟：首先將薄皮端咬一小口，接著吸取鮮甜的湯汁，再蘸一些醬油和醋調成的醬料即可大快朵頤，不用擔心湯汁噴濺到衣服。爆汁的生煎包在台灣掀起旋風，但對於想要品嘗道地生煎包的人來說，這已經不算是生煎包，而是另一種煎包了。

地點：台北→全台

小吃BOX

差一個字的水煎包

水煎包和生煎包只差一個字，卻是完全不同的食物。水煎包大約是棒球大小，麵皮較厚，與肉包的皮較相似，而且內餡的主角是高麗菜或韭菜，肉反而是配角。煎的時候兩面都要煎，滋味香酥可口。

石板烤肉

「石」在的噴香美味

055

鹹點類

中秋節是團圓的季節，每到此時，台灣人除了吃月餅和柚子，一邊烤肉、一邊賞月，更是台灣專屬的特殊過節方式。一開始，人們是使用炭火及鐵網烤，卻往往影響到空氣品質，在健康、環保的雙重考量下，逐漸出現其他烤肉方式，石板烤肉因為不易烤焦，有越來越熱門的趨勢。

提到石板烤肉，台灣人最先聯想到的就是原住民，原因無他，因為石板是排灣族、魯凱族、布農族等族的重要建材，所以他們對於石板的性質特別了解，在挑選石板時，總是能挑到最適合的。根據原住民的智慧，石板有公、母的分別，公石板較硬也較密，所以用火烤不易裂開，母石板則無法承受溫度變化，一烤很容易裂開。

石板因為導熱均勻，可以溫和地加熱食材，有助於留住食材的水分，烤出來的肉，滋味比其他炊具更鮮美多汁，也不容易因受熱不均而烤焦。據說因為石板是天然材質，在烤的過程中，會在肉裡融入一些微量元素，也較有養生效果。

此外，原住民烤肉的手法也是一絕，他們是將醃漬好的整塊五花肉放下去烤，待烤到雙面金黃即完成。販售的店家會將五花肉切成小塊，再搭配蔥段、洋蔥一起拌炒，有的還會加入原住民特色食材刺蔥，成品香氣四溢，品嘗時，肉質紮實、洋蔥脆甜，非常過癮。過去販售石板烤肉的店家多半會標榜自己使用山豬肉，但現今多半是以一般豬隻取代，透過料理手法讓它嘗起來有咬勁，一樣十分美味。

地點：原住民地區

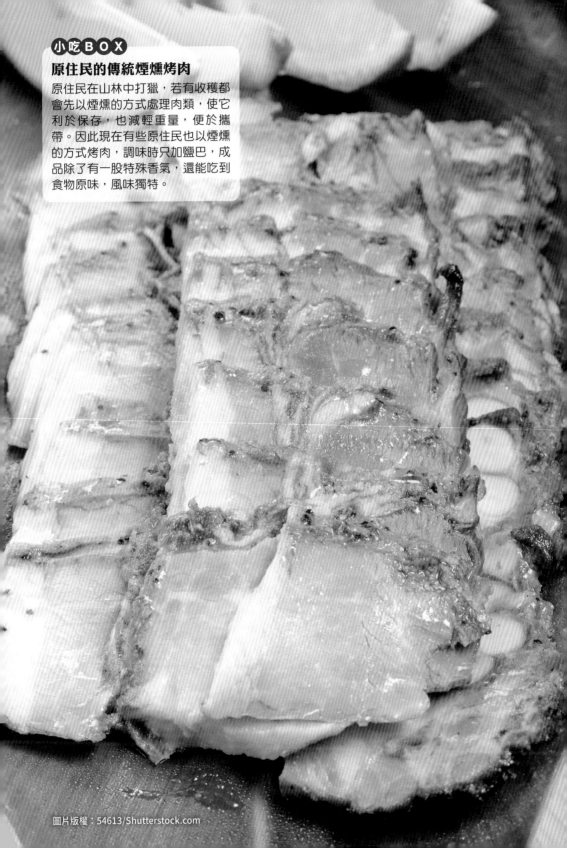

小吃ＢＯＸ

原住民的傳統煙燻烤肉

原住民在山林中打獵，若有收穫都會先以煙燻的方式處理肉類，使它利於保存，也減輕重量，便於攜帶。因此現在有些原住民也以煙燻的方式烤肉，調味時只加鹽巴，成品除了有一股特殊香氣，還能吃到食物原味，風味獨特。

056

潤餅

自由隨性的個性化美食

潤餅起源於中國，是一種歷史非常悠久的食物，它隨著移民流傳到東南亞各國，又隨著各地的環境與歷史發生流變，因此各國都有相似的料理。在台灣，它以極薄的麵皮包裹著各式食材，捲成筒狀而食，是清明節的應景食物。

相傳在春秋戰國時期，人們要用蔥、蒜、韭菜、香菜、芸苔等蔬菜作成的五辛盤來祭祀春神，同時食用它們以去除伏氣，然而這五種蔬菜味道辛辣，便有人將之包進薄麵皮裡再品嘗，成為潤餅的前身，因為是春天食用，早期也稱為春餅。

由於台灣先民來自於不同省分，台灣潤餅最初也有著南北差異，從食用時間、名稱到餡料都不同。

北部在冬至、過年前都會吃潤餅，蔬菜的餡料以川燙為主，口感較溼潤，肉類以紅糟肉為主，再灑上花生粉。因為潤餅皮較小，所以餡料也較少。

南部則多半在清明食用，蔬菜的餡料會各項分開炒過，肉類則以香腸、滷肉為主，有人還會加上油麵，分量十足。除了花生粉，也會灑糖粉。整體而言南部的潤餅較為乾爽，餡料豐富且口味較甜，熱量也比較高。

自製的潤餅，每個家庭都各有配料，除了豆乾、高麗菜、香菇、豆芽、蛋皮等較為固定外，其他就自由發揮，有的還會加蝦子、皇帝豆，甚至是烏魚子、烤鴨。所有食材在桌上排開，顯得非常澎湃，而且想吃什麼就包什麼，非常隨心所欲，堪稱是最個性化的美食。

地點：全台

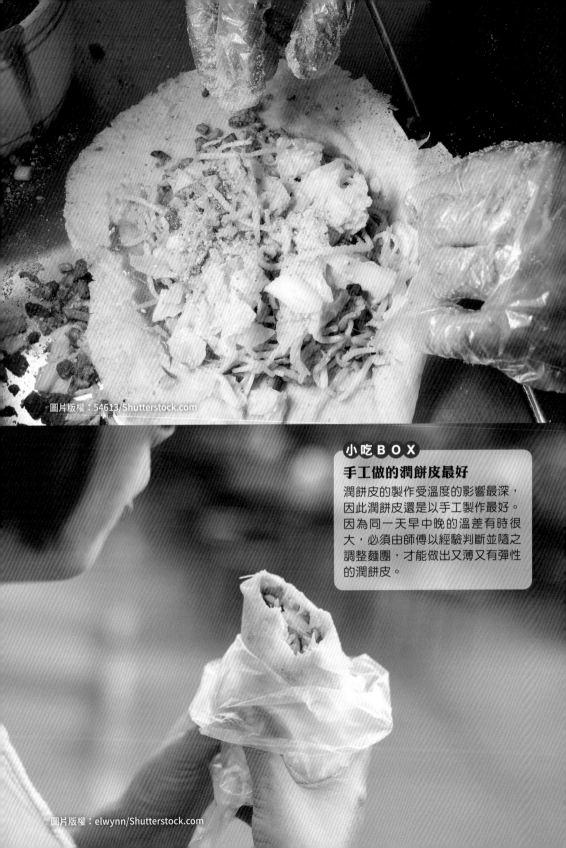

小吃ＢＯＸ

手工做的潤餅皮最好

潤餅皮的製作受溫度的影響最深，因此潤餅皮還是以手工製作最好。因為同一天早中晚的溫差有時很大，必須由師傅以經驗判斷並隨之調整麵團，才能做出又薄又有彈性的潤餅皮。

蔥油餅

好吃到不需要其他菜

鹹點類

蔥油餅是許多人喜愛的美食小吃，文學大師梁實秋就是其一，他認為「蔥油餅太好吃，不需要菜」，其美味可想而知。它的麵皮酥脆柔嫩有嚼勁，麥香、蔥香、油香融合交織，美妙的滋味往往是人們嘴饞時或腹餓時的選擇，所以銷售時間從凌晨到深夜，不僅是三餐，也是點心宵夜。

蔥油餅起源於中國，但確切的由來已不可考，在早期的農業社會，由於蔥容易取得，是農人們最好的點心之一。當初國民政府撤退來台，蔥油餅也隨之傳來台灣，又以眷村老兵做的蔥油餅最好吃。它的成分就是蔥、油和餅（麵糰），做法不難，但有很多小撇步，例如要先用滾水沖入麵粉，再注入冷水揉麵糰，如此才能讓成品吃起來較為鬆軟。麵皮在灑蔥花前，需先刷油，如此才會更香。

有人說好吃蔥油餅的三大關鍵是層次多、蔥多、油不多，但早期台灣的蔥油餅，很多是在油鍋裡炸熟的，撈起來的餅呈現金黃色，口感酥脆，通常以舊報紙包著，因為非常油膩，舊報紙通常會變半透明，上面印的油墨也會轉印到餅上。時移事往，如今民眾的食安意識較強，蔥油餅早就改用防油紙袋包裝，而且改以平底鍋油煎，又因為健康意識抬頭，減少油量的攝取，所以揉麵時不加油，煎的時候以乾烙的方式製成。

美食的演變沒有盡頭，花蓮有人發明炸蛋蔥油餅，將蛋與蔥油餅一起以高溫油炸，在高溫下蛋是半熟的，咬下會有蛋液流出來，而餅皮則非常酥脆，非常具有特色。

地點：全台

圖片版權：Carlos Huang/Shutterstock.com

圖片版權：Frank Chang/Shutterstock.com

058

艾草粿

富含智慧的傳統小吃

鹹點類

艾草粿是草仔粿的一種，客家人稱它為艾粄、艾糍粑，是一種以糯米粉及可食用草類製成粿皮的小吃，因不同的草類而有不同的稱呼，加入野艾的就是艾草粿，此外也有加入鼠麴草、雞屎藤、苧麻葉的，由於在外觀上會呈現草綠色，所以也叫青粿。

食用艾草粿原本是寒食節的習俗，後來因為寒食節與清明節時間相近，久而久之，兩個節日的習俗結合，人們也在清明節吃起寒食，艾草粿也成為清明節掃墓祭拜的供品，又稱為清明粿。由於台語的粿（kué）與貴（kuì）音近，有「食粿才會睹家伙」之說，所以也有祈求祖先保佑子孫生財且平安之意。

艾草粿大約巴掌大，裡面包有蘿蔔絲、香菇、蝦米與絞肉，嚐起來外皮軟Q清甜，內餡鹹香，十分可口。早期它的製作過程極為繁瑣，糯米要先浸泡再磨製，然後擠乾水分。艾草則要先汆燙再打成泥，因為未以滾水煮過的艾草會有苦澀味，之後再將糯米與艾草泥混合揉成麵團。內餡則分別切丁切細再以大火爆香，最後再將內餡包入麵團拿去蒸熟，好吃的艾草粿就完成了。古早時只能人工製作，現代磨糯米、切艾草都可以讓機器代勞，省下不少功夫。

古代的食材不像現代這麼多元，食材的運用也展現先民的智慧。會以野艾當原料，是因為它容易生長，過去台灣很常見，而為了避免沾黏，在沒有蒸籠紙的時代，艾草粿底下通常會鋪墊月桃葉或黃槿葉，也讓艾草粿多了一股清香。

地點：全台

背後藏洋蔥的挹墓粿

早期清明掃完墓後，習俗上會將草仔粿分給前來乞討的貧苦孩童，代表祖德流芳，除了是悲憫孩童的善心之舉，也防止他們破壞墳地，所以草仔粿也有挹墓粿、乞墓粿之稱。現在物資豐裕，已經見不到這種討粿的景象了。

059

宜蘭卜肉

天婦羅的變化版

宜蘭不僅有好山好水，也有許多必嘗的道地小吃，除了鴨賞，卜肉更是地域限定的美味料理，所以第一次聽到卜肉的人往往一頭霧水，其實卜肉就是炸肉，「卜」是宜蘭當地人講的台語，意謂「油炸」，源自於客家話浮（po）的發音。

卜肉使用里肌肉當材料，參考日本炸天婦羅的作法，裹上特製的麵糊下鍋油炸後即成，上桌前通常會再灑上胡椒鹽或芝麻。它的外表金黃，品嘗時麵皮酥脆，里肌肉的Q軟紮實，風味絕佳。

這是一道在日治時期發明的小吃，當時宜蘭太平山因林業開發，鄰近地鄉鎮聚集許多人，非常繁華，也開設許多餐廳，而卜肉的發明人吳秀就是在三星鄉經營小吃店。據說當時小吃店的生意並不太好，因緣際會下，有日本人教她天婦羅的作法，她將天婦羅的食材替換成里肌肉，深受大眾喜愛，卜肉的名聲也流傳開來。

這道料理看起來簡單，但「眉角」很多。首先要將豬肌肉去筋法油後切成條狀，以醬料醃漬一晚，再裹上麵糊以高溫油炸。由於麵糊使用蛋、醬油、糖、麵粉調成，所以炸好的卜肉有點像炸熱狗，但是內餡換成了醃漬的瘦肉條，所以更為彈牙。而外皮則有濃郁的蛋香，因為只包覆薄薄的一層，所以口感酥脆。好吃的卜肉要炸兩次，第一次只要變色就撈起，待要上桌前用大火再炸一次，可以逼出油，讓口感更酥香。

其他縣市很難找到卜肉，有網友在麵糊中加入宜蘭三星蔥烹調，雖然不是傳統的卜肉作法，但別有一番風味，有實力成為下一個紅遍全台的美食。

地點：宜蘭

小吃BOX

宜蘭給你一串心

「一串心」發源於羅東,台語稱做
「豆乾簽」,在過往辛苦年代,庶
民人家會將剩下的食材用空心油豆
腐包來,再串成一串,或夾香腸,
或夾豬、雞、鴨等內臟,加點香
菜、沾些醬料食用,是宜蘭具代表
性的銅板小食。

060

刈包

傳統美味也要國際化

鹹點類

刈包是用麵粉做成扁饅頭的形狀，夾進豬肉、酸菜、花生粉等餡料的美味小吃，通常以台語發音「kuah-pau」，所以也稱為「割包」。因為都是麵粉製成的外皮包裹著餡料，與漢堡雷同，也有台式漢堡之稱。

它還有一個生動有趣的名稱叫「虎咬豬」，是老一輩人的叫法，因為外形很像張開口的老虎嘴巴咬住豬肉的樣子，因而得名。台語的的虎（hóo）與福（hok）發音相近，所以民間也有吃「虎咬豬」祈福的習俗，又由於刈包的形狀宛如裝滿錢的錢包，有發財富貴的好兆頭，有些企業主在尾牙時會請員工吃刈包，除了犒賞員工，也代表財運旺旺來的祝福。

有學者認為，刈包應該是從中國福建的料理演變而來，不過「虎咬豬」的名稱與尾牙吃刈包的習俗，應該都是源自於台灣。目前最早的文獻可以追溯到1927年黃旺成先生的日記，他留下「今天是舊曆的尾徜（牙），傳來要求做虎咬豬為職工慰勞」的描述。當時這可是道高級料理，因為換算成現在物價，一個刈包大約要價500元。

刈包演變至今，不僅麵皮變化多端，內餡也是花樣百出。有的人在和麵時，以牛奶取代水，有的則是加入山藥泥、南瓜泥等，創造出不同口味；有的則是在外形上取巧，做成可愛動物或知名卡通人物；還有人將麵皮油炸，做成炸刈包。內餡除了傳統的焢肉，後來出現泰式椰汁雞、北京烤鴨、法式紅酒燉牛肉、韓國泡菜等異國風味的餡料，為傳統美味注入新意。

地點：全台

小吃ＢＯＸ

外國人也傾倒的 Gua bao

庶民小吃刈包在歐美受到歡迎，紐約、倫敦、巴黎、羅馬等國際城市，都可以看到刈包的身影，而且還搭配薯條及飲料做成套餐。由於刈包越來越紅，台語發音的 Gua bao 已逐漸取代原本的英譯 Steamed bao 或 Pork belly buns，更顯台味。

061

鹽水雞

清爽又涮嘴的美味

鹹點類

爽脆鹹香的鹽水雞，向來是夜市的高人氣小吃，涼拌的低油烹調方式，使它成為眾多小吃中熱量較低的美食，想瘦身的人也可以放心大啖。

鹽水雞是使用雞齡較老的蛋雞（即老母雞）製作，它用鹽水燙煮後再泡冷水，口感比一般雞隻為佳，不僅肉質較有咬勁，雞皮也較為緊實，因而帶有脆感。煮完後，可隨心意加入蔥、薑、蒜、香油、鹽等調味料，風味相當迷人。蛋雞全世界都有，唯獨台灣的鹽水雞小吃可以一枝獨秀，這與政府政策及台灣人喜歡物盡其用的個性有關。

1960年代，政府鼓勵人民成為專業養雞戶，卻未建立健全的蛋雞淘汰制，使得雞蛋往往供過於求，蛋價時好時壞，直到1995年，政府才開始輔導業者適量淘汰老母雞，然而若直接將每個月淘汰的80～100萬隻蛋雞安樂死，實在有違台灣人勤儉的個性，於是坊間開始流行起鹽水雞、桶仔雞等料理。

鹽水雞的製作方式，有人推測應該是來自閩粵地區的鹽焗雞，它有三種烹調手法，其中的水焗法就與鹽水雞白滷的方式一樣。據說一開始的鹽水雞並不是夜市的庶民小吃，而是宴客的桌菜，只有上館子才能吃得到。後來因為老母雞淘汰制的推動，才使得它平民化，成為銅板美食。

早期的鹽水雞攤販就只是販售各個部位的雞肉，並免費贈送筍片，但是後來饕客們發現，利用鹽水雞高湯煮出來的蔬菜特別鮮甜，於是鹽水雞攤販也開始販售各種蔬菜，才逐漸演變成現今我們熟知的鹽水攤樣貌。

地點：全台

小吃ＢＯＸ

「淘汰雞」是轉職不是生病

由於「淘汰」兩字，讓民眾誤以為鹽水雞是使用品質差、健康有問題的雞隻製作，食藥署還特別澄清，淘汰雞指的是「生蛋率不合格的母雞」，牠們只是轉職，從產蛋變成提供可安心食用肉品的雞隻。

圖片版權：Belle Hung/Shutterstock.com

圖片版權：YAO23/Shutterstock.com

062

營養三明治

台美混血兒

營養三明治是在基隆夜走紅的小吃，它還有許多名稱，除了沙拉船，在中部叫潛艇堡，東部則以美國油條稱之。它是使用長橢圓麵包製作，與一般用吐司製作的三明治截然不同，所以若是看外形，的確也和潛艇堡與油條比較像。製作時，要先將長橢圓麵包下鍋油炸成金黃，再從中間剪開，放入番茄、火腿及充滿台味的滷蛋等餡料，最後再淋上美乃滋，酥脆鹹甜的美食即完成。

坊間流傳其由來是 1950 至 1960 年代，因美軍反共來到亞洲，當時身為重要港口的基隆港常有美軍出入，他們想藉由三明治消解鄉愁，卻因為雙方無法溝通，在雞同鴨講下創造出來。不過當時已有炭烤三明治，且基隆人應該聽得懂三明治的英文，因此這或許只是民間傳說，不過「營養三明治」的名稱起源卻可以追溯。

1961 年，台南學甲人邱天盛來到基隆，原本在廟口打游擊賣香腸，然而不僅容易被警察取締，也常被流氓騷擾，後來索性與店家商量，在固定的地方擺攤改賣三明治，並創造出「營養三明治」一詞，逐漸打響名號。在當時，美國人愛吃的三明治就是時髦的象徵，因此這款麵包就以三明治稱呼；而「營養」兩字，則是因為美援時期輸入大量麵粉，但台灣人沒有吃麵食的習慣，政府便從報章雜誌、廣播、電視等，全方位宣傳麵食的營養價值，還誤導民眾吃米會導致腳氣病，使得麵包類食品與營養畫上等號。

以現代的眼光來看，營養三明治經過油炸，又加了美奶滋，小小一份熱量卻相當於三碗飯，非常可觀，品嘗的時候千萬要節制，以免攝取過多油脂。

地點：基隆→全台

小吃ＢＯＸ

古早味三明治

除了營養三明治，台灣有另一種獨有的古早味三明治也非常美味。它的食材很簡單，就是吐司塗上美乃滋，再夾著薄如紙的蛋皮及火腿，看似平凡，卻香甜柔軟、清爽順口，也是人氣強強滾的美食。

063

芋粿巧

鹹點類

因形狀彎彎而得名的小吃

芋粿巧是台語發音，正字應是「芋粿曲」（ōo-kué-khiau），曲表示彎曲，民間將曲訛寫成巧，就此流傳下來。它是台灣的傳統小吃，口感Q軟彈牙，不管男女老少都喜愛。正如其名，芋粿巧的外型彎彎的，有點像是彎月，也有人覺得它像元寶，兩個擺放一起又像民間求神問卜的筊杯，非常特別。

芋粿巧一開始並不是這種形狀，會變成如今的樣子與九份的礦工有關。1890年，劉銘傳率人興建台北至基隆間的鐵路，在八堵附近河床發現砂金，隨後便開啟了九份的礦業。礦工需大量消耗體力，因此當地婦女都會做些點心讓丈夫帶進礦坑，在腹餓時止飢，而芋粿就是其中之一。由於礦工都把芋粿放進口袋，取出來食用時，往往已經被壓成有弧度的形狀，久而久之，大家便將它稱為芋粿巧。

芋粿巧是以芋頭絲、糯米、油蔥、蝦米等材料製成，與所有的粿一樣，最好使用水分流失的陳米製作，口感才會更Q彈。有些店家還會調配蓬萊米、在來米和糯米製作，使整體不過溼也不過黏，嚼勁恰到好處。做好的芋粿巧呈現米白色，直接吃外皮鬆軟有彈力，芋香、油蔥香交織，有人會沾蒜蓉醬油，更令人垂涎三尺。若是煎、炸後食用，口感則外酥內軟，別有風味。

因為外形像筊杯，加上芋（ōo）和護（hōo）的台語很像，它也常是祭祀神明和祖先的食物，用來祈求兒孫平安。尤其農曆七月恰好是芋頭盛產期，又適逢鬼月，中元節時，芋粿巧更是必備祭品，祭祀後食用，不僅吃得飽，也吃到了長輩祝福的心意。

地點：新北→全台

芋頭控不能錯過的芋籤粿

芋籤粿是將芋頭削成細條狀，和地
瓜粉、豬絞肉、油蔥酥一起混合均
勻，再拿去蒸即可。也有人不加豬
絞肉和油蔥酥，改加糖做成甜食，
是鹹酥雞攤位很常出現的食材。

肆

甜│點│類

064

白糖粿

現炸熱吃最美味

白糖粿（peh-thng-kué）是台語，是台灣南部的油炸糯米糰點心，中、北部的人大多沒見過。它原本常見於市場或夜市，但是由於人們口味改變，白糖粿攤位已經越來越少見。2019年的偶像劇《想見你》中，出現男主角大啖白糖粿的畫面，才使得這種傳統點心重新熱門起來。

白糖粿做法是將糯米粉揉成團，捏成長條狀再下鍋油炸。待膨脹起來即可起鍋裹糖粉或花生粉，趁熱吃外酥內軟，Q彈可口，而且還會微微牽絲，一旦冷掉就會變硬，口感較差。白糖粿很要求油品，所以販售的攤位多半只賣白糖粿，若有兼賣其他產品也必是分開的油鍋，因為炸了其他食物再用來炸白糖粿，味道及顏色都會走樣。

白糖粿的由來已不可考，但有人認為是來自於「糖粿」。糖粿是七夕用來祭拜七娘媽的甜品，又叫軟粿或是碗圓仔，它和湯圓很像，但外形為扁圓狀，中間還會壓出一個小凹槽，這是要讓織女裝眼淚用的，因為她與牛郎一年一會，七夕當天常忍不住落淚。糖粿一開始是煮甜湯，拿去炸再敷上糖粉、花生粉，應該是後來衍生的甜品。

現在的白糖粿，不只能裹花生粉，外面的糖粉還有椰子、抹茶、芝麻、可可粉、紫地瓜、麵茶等口味，不僅口味變化多，視覺也變得繽紛多彩，符合現代潮流。有些食譜還教人沾煉乳、巧克力醬，再鋪一層巧克力米、玉米脆片等配料，口感層次更豐富；更有大膽創新的，改換成鹹口味，不撒糖粉改撒起士粉或椒鹽，賦予白糖粿嶄新面貌。

地點：南部

小吃BOX

皮Q心軟的糯米炸

彰化的糯米炸與白糖粿很像，都是將糯米粉油炸後再裹糖粉的甜點，兩者不同在於，白糖粿是長條的，糯米炸為顆粒狀，面積不同導致油炸時的火候、時間不一樣，嘗起來是糯米炸較酥脆，白糖粿則更Q彈。

065

麻糬

蓬鬆Q軟的古早味

麻糬是一種以米製成、口感軟黏的食物，在東亞各國都很盛行，但稱呼和吃法略有不同，光是台灣，就有三種不同的麻糬：台式麻糬、客家粢粑、原住民杜侖。麻糬是台語發音「muâ-tsî」的漢字寫法，這是日治時期受到日本麻糬（漢字為餅，mochi）發音的影響，也導致後來台灣所有米製黏質糕點都稱為麻糬。

台式麻糬的由來已經不可考，但據說最早大家叫它「豆糬」，是以純糯米製作的食物，繁複的製作古法已經失傳，如今的台式麻糬是用精簡版流程所製作，可直接使用糯米粉揉成糯米糰，包入花生粉、芝麻、芋泥、紅豆泥等餡料，最後在表面裹上花生粉或芝麻粉。

客家人的粢粑是經典的客家米食之一，與台式麻糬最大的差別在於沒有包餡。以前的客家人在舂米時會留下一些碎米，因為不想浪費，便將碎米蒐集起來蒸熟，再樁打成黏糊狀的糯米糰，分塊後沾花生糖粉食用。後來演變成每逢婚喪喜慶及祈福拜神時都要製作的點心，而且會找來親朋好友一同捶打，與團聚的氣氛連結。

原住民杜侖（turon）最特別之處是以小米為主要食材。相傳阿美族婦女會在丈夫出海捕魚前製作，讓丈夫在海上食用；上山打獵的原住民，也會帶上山食用，為了避免因久放而壞掉，就把麻糬放入檳榔鞘，延長保存時間。由於舂打糯米的過程不易，通常動員全族一起製作，是重大節慶必備的食品。

以前麻糬只能純手工製作，想吃到Q軟有嚼勁的美味麻糬，非常耗時費力，如今大多改用機器生產，讓我們隨時都能吃到麻糬，比古代人多了許多口福。

地點：全台

小吃BOX

顛覆口味的鹹麻糬

麻糬是甜點，包任何甜餡料都不足為奇，但在彰化有家店販售包肉餡的鹹麻糬，非常特別。創始人許秋木一開始是學做肉包，出師後到夜市賣雞蛋糕與麻糬，有一次他心血來潮，在麻糬內包入肉餡，形成獨特的口味。

066

蜜地瓜

甜到心坎裡的滋味

蜜地瓜是早期常見的零食，且名稱很多，蜜番薯、番薯糖、地瓜糖等都是指糖熬地瓜的甜點。

蜜地瓜的主角就是地瓜，它來自於中南美洲，大約在四百多年前傳來台灣。因為是外來種，所以也稱番薯。它具有強韌的生命力，可以適應各種土壤，所以容易繁殖，傳入台灣後，先民即大量種植，在清苦的時代甚至是許多人的主食。

國民政府來台後，人民普遍窮困，地瓜因為便宜又富含澱粉，成為許多人的代餐食品，也衍生出各種地瓜料理，蜜地瓜就是其中一種。早期它多在市場或夜市販售，在夜市還會結合小遊戲，如抽抽樂就用一元抽二張紙，中獎就可以換一條到數條不等的蜜地瓜，能玩又能吃，很受小朋友歡迎。可惜如今販售蜜地瓜的攤位越來越少，結合遊戲的蜜地瓜已經絕跡。

蜜地瓜是將地瓜與糖漿一起熬煮，一般是使用小地瓜，若是較大的地瓜要先切小塊，否則會因受熱不勻無法煮透。蜜地瓜會因煮製時間長短不同，形成不同的口感，喜歡紮實Q彈的可以將生地瓜直接下鍋，或是將煮滾的地瓜糖漿放涼再次煮滾，重覆2～3次後，地瓜就會越來結實。只煮滾一次或直接用熟地瓜熬煮的，口感則較鬆軟綿密。

不管哪一種口感，在煮的過程中都要一直翻動地瓜，才能讓它蜜得均勻而且不致燒焦，是種不難製作但很需要耐心的甜點。有些地方的蜜地瓜還會加花生粉，讓香氣更富層次，不過在打牙祭的同時，也要小心熱量爆表喔！

地點：全台

小吃ＢＯＸ

同樣令人無法抗拒的拔絲地瓜

有別於蜜地瓜是整塊浸在糖裡熬煮，拔絲地瓜一定要先將地瓜炸熟，再裹熱糖漿，裹糖漿時會拉出糖絲，所以叫拔絲。裹糖漿後要立刻放到冰水冰鎮，所以不管是地瓜或是糖漿，都會變得比較脆硬。

067

番茄切盤

透南風的獨特美味

你都怎麼用台語稱呼「番茄」呢？通常若從日文的「トマト」（tomato）音譯來稱之，是大家均耳熟能詳的叫法，不過，當你在市場、冰店等場合聽到有人說「柑仔蜜」或「臭柿仔」，便能初步分辨他是哪裡人，尤其是脫口而出「柑仔蜜」的人，十之八九來自台灣南部，特別是嘉義、台南和高雄這幾個縣市。

走進南部的冰果室或夜市水果攤位，常出現一道對中、北部人來說很陌生的水果料理，望著眼前的番茄切盤，主角是沉綠帶點紅的黑柿番茄，搭配的則是在濃稠的醬油膏內加入薑泥、糖粉、甚至是甘草粉或梅粉的特色醬料，別太吃驚，這道水果沾薑泥醬油的奇妙滋味組合，可是南部人從小就有的水果日常。

為什麼會有這種吃法呢？「黑柿番茄」於17世紀時由荷蘭人引進台灣栽種，是台灣最早的番茄品種，當時的台灣人或許不太適應番茄的「味道」，於是便試圖以薑末或蒜蓉搭配著吃，就這麼一直流傳至今，也成為南部餐桌上一道經典的古早味，除此之外，南部還盛行以芒果青沾著調製紅糖的蒜蓉醬油食用，異曲同工的組合同樣衝擊著人們的味蕾，而這都是南部媽媽們很常親手作的水果點心喔！

黑柿番茄通常選用具備厚實果肉口感，薑泥則選用老薑研磨，而醬油、糖粉、甘草粉及梅粉的比例則是每家店配方不同，《台灣史上最有梗的台灣史》作者黃震南說：「這種點心有可能是在臺灣歷史上，由本土研發出來的最早菜色。」入口時記得一口氣沾滿堪稱此道點心靈魂的醬汁，感受番茄盤的歷史吧！

地點：南部

小吃ＢＯＸ

小番茄蜜餞夾出滿滿台灣味

現在的小番茄品種多樣，不用沾醬都甜滋滋，然而早期小番茄還有一種吃法，畫上一刀後夾入俗稱「李仔鹹」的蜜餞，酸甜鹹鹹的口感，大人小孩都很喜愛，店家還會另外撒上梅粉、甘草粉、甚至再夾入芒果青，讓味覺多重享受。

068

地瓜球

經典不敗的夜市小吃

說起夜市的經典點心，絕對少不了地瓜球。以香甜地瓜製作的地瓜球口味獨特，外型圓滾滾，一口咬下酥脆外皮，而且價格實惠，以銅板價就能滿足味蕾，大人小孩都喜歡，是歷久不衰的小零嘴。它除了地瓜球的名稱，南部也有人稱它為QQ蛋，雲林則有啾啾蛋的稱呼。

地瓜球的起源，相傳是來自於一位退休老者。當時他在台北縣（今新北市）的中正橋下種地瓜，有一次政府整治河灘，駕駛怪手的工人沒有注意到地瓜田，把地瓜挖碎了，基於惜物愛物的心理，老人沒有丟棄碎地瓜，反而蒐集起來拿去油炸，因為滋味香甜，名聲傳了出去，老人也在夜市擺起了販售炸地瓜的攤位。後來再經過改良，成為如今我們熟知的地瓜球。

地瓜球的原料很簡單，就是地瓜、地瓜粉（或太白粉）、糖一起揉製成地瓜麵團，再捏成圓球狀油炸。麵團原料比例不同會導致口感不同，增加地瓜會使地瓜味更濃郁，若是增加地瓜粉比例，則會使口感較為紮實。在油炸過程中，透過不斷擠壓浮起來的地瓜球，會讓地瓜球越來越膨脹，形成外酥內空的渾圓球體，整個過程有趣又療癒。剛炸好的地瓜球口感最好，此時外皮最酥脆，隨著時間過去，與空氣中的水氣接觸久了，地瓜球就會慢慢縮小軟化。

以前的地瓜球只有金黃色，出現紫地瓜後，也多了紫色地瓜球。隨著台灣人不斷翻新配料，現在還有加入了竹炭粉、抹茶粉、花生粉、火龍果汁等各種食材的地瓜球，讓它的顏色變得多彩多姿。更有人在地瓜球裡加入餡料，讓這個傳統點心展現了新面貌。

地點：台北→全台

圖片版權：robbin lee/Shutterstock.com

小吃ＢＯＸ

要價不菲的炸空氣

義大利的米其林一星餐廳「Feva」，2018年曾推出一道名為「炸空氣」的料理，它是在樹薯粉製作的中空球內，灌入經過臭氧清淨機處理過的空氣，並以「能吃到清新空氣」宣傳，一盤要價30美金，可謂十分標新立異。

069

涼圓

療癒系的多彩復古甜點

甜點類

涼圓又稱為涼沙丸、涼西圓，是一種很傳統的冰涼甜點，以前在市場及夜市很常見，但隨著現代甜點越來越多，販售的攤位多半因為攤主退休而消失，使得這種具古早味的甜點慢慢凋零。網路上每隔幾年就會有人發文詢問哪裡可以買到涼圓，販售地點以中南部居多，想吃的話，最快的方式反而是自己製作。

製作方法很簡單，先將餡料搓成小圓球，再裹上一層粉漿，用蒸籠或電鍋蒸幾分鐘，就可以放入冰箱冰鎮。粉漿可以用番薯粉、太白粉混水攪拌，未蒸煮時是白色的，所以剛裹上粉漿的涼圓很像是一顆顆的小雪球，等蒸熟後，外皮就會變成透明。早期的經濟狀況較差，甜點選擇不多，它的原料易取得，製程也簡單，成功率很高。加上以前冰箱不普及，冰品也少，這種冰涼又Q彈的涼圓，男女老少都喜歡。有趣的是，涼圓要冰涼才好吃，但不適合放冰箱，因為放入冰箱會導致外皮變硬影響口感，所以攤販通常會在涼圓下擺一塊又大又厚的冰塊，保持它的冰涼。

涼圓的外型是一顆小巧可愛的丸子，用牙籤戳起來吃剛剛好。在它晶瑩剔透的外皮下，包裹著紅豆沙、綠豆沙等餡料，而涼西圓的名稱，就來自於餡料豆沙，因為豆沙的「沙」與「西」的台語發音類似，所以後來才會被稱為涼西圓。也有人陸續研發芋頭、青蘋果、草莓等口味的餡料，不僅選擇變多，繽紛多彩的顏色也更為賞心悅目，視覺效果滿分。

地點：全台

小吃BOX

涼肉圓與涼圓，傻傻分不清楚

涼圓的式微，從網路搜尋也可見出端倪。以「涼圓」為關鍵字，會出現許多彰化的涼肉圓，雖然外皮一樣半透明，但它其實是涼的肉圓，內餡包了豬肉與香菇，與作為的甜點涼圓是完全不同的食物。

070

菱角酥

廟口的人氣小點

　　入秋後，街頭的蒸花生菱角車應該是不少人的小吃回憶，而菱角湯也是餐桌上常見的要角。不過，菱角除了可以拿來蒸、煮湯，還能做成「菱角酥」。

　　先說說菱角吧！它是一種具有悠久種植歷史的作物，在台灣則是由日本時代開始引入，主要於官田、左營等地方種植，常見的品種是二角菱，也就是我們熟知的「紅菱」，主要產季以秋冬為主。早期種植方式是在池塘內種植，搭小船採收，而鄧麗君的著名歌曲〈採紅菱〉就是描述這種採收方式。

　　雖然菱角主要種植地是在南部，不過菱角酥最有名的店家反而是在台中、彰化等中部地區。其做法並不複雜，不過相當麻煩，要先將菱角去殼後蒸熟，再裹漿油炸，才會得到一顆顆圓如球的美味菱角酥。其表皮酥脆，裡面則有菱角的香氣。

　　說起最具代表性的菱角酥店家，當然是豐原廟東的菱角酥，店家傳承至今已經有4、50年歷史。在疫情期間，夜市生意慘澹的情況下，菱角酥依然屹立不搖，可見其人氣有多旺！而彰化的「港仔」菱角酥也是歷史悠久，且配合菱角產期，是秋冬限定的美食，其他季節可是吃不到的。

　　菱角酥可說是中部的代表美食。若下次有去豐原一趟，從火車站就可以不行到著名的慈濟宮，順便到一旁的廟東夜市，買一袋菱角酥嚐嚐看吧！

地點：台中／彰化→全台

小吃ＢＯＸ

「菱角鳥」是水雉的台語名

水雉時常居住在菱角田，因此台語又稱為「菱角鳥」。由於使用農藥、開墾農地等因素，水雉曾一度銳減到全台只有將近五十隻，台南官田的菱角田是水雉目前最重要的棲地，且近年來水雉保育有成，官田也將水雉選為市鳥。

071

花生捲冰淇淋

來自潤餅的變奏曲

甜點類

　　台灣人在飲食上的創意無窮，花生捲冰淇淋這道甜品的出現就是很好的明證。花生捲冰淇淋是宜蘭名產，可說是潤餅的變奏，它在潤餅皮、花生粉的基調上，加入了叭噗冰及香菜這兩種風馬牛不相干的食材，看似奇怪的組合卻交織出美妙的滋味，堪稱一絕。

　　它的發明人及由來已經不可考，但讓它成為宜蘭名產的推手則是阿宗芋冰城的第二代老闆黃志安。阿宗芋冰城是宜蘭芋冰的批發商，1992年，黃志安接下家業後卻發現生意不斷下滑，當時泡沫紅茶開始流行，大家改喝茶而不吃三輪車載著到處走的叭噗了。在偶然的機緣下，黃志安吃到當時還不普及的花生捲冰淇淋，他認為這個甜品一年四季都可以販售，為了突破困境，便說服賣冰的攤商到風景區、廟口等人潮眾多的地方販售，果然讓它打開了知名度並揚名全台。

　　傳統花生捲冰淇淋的冰品是芋頭和鳳梨口味的叭噗，微酸的鳳梨搭配香濃的芋頭，感覺清爽不膩口。與利用乳脂達到乳化效果的冰淇淋比起來，澱粉製成的叭噗口感較不滑順但卻比較Q，口感獨特。

　　另一項原料花生粉，則因為必需在販售時用花生糖磚鉋製，隱含著台灣的工藝技術。鉋花生粉的鉋刀，原本是用在木工上，鉋花生糖磚時因為糖分的存在，容易使花生粉堵塞在刃口。經過製鉋刀師傅的改良，才解決了堵塞的問題，也讓我們能輕鬆地吃到鋪滿花生粉的花生捲冰淇淋。

地點：宜蘭→全台

小吃ＢＯＸ
啤酒也來湊熱鬧

台灣元素正夯，有啤酒廠與農民合作，以花生、芋頭、香菜等食材釀造啤酒，並組合成「花生捲冰淇淋禮盒」販售。據說單獨品嘗各有千秋，但把三者混合後，真的可以喝出花生捲冰淇淋的味道，只能說現代人真是創意無窮。

072

黑糖糕

有孔洞才美味

地點：澎湖

以黑糖製作的黑糖糕，口感比一般蛋糕更紮實，並帶有一點Q彈的感覺，品嘗的時候會讓嘴裡充滿濃郁的黑糖香。台灣的黑糖糕以澎湖最為知名，但是澎湖本身並不產黑糖，它會成為澎湖名產，要追溯到日治時期，而且與黑糖的知名產地沖繩有關。

日治時期，遷居澎湖的沖繩人開設「丸八」和「水月堂」等餅鋪，並招收當地人當學徒，陳克昌即是其中之一，學會了琉球粿的做法。他的父親陳拱元是糕餅批發商，亦是傳統糕餅師，使他對於傳統和日式糕餅的製作方式都很熟悉。日治時期結束，陳克昌自行開店，融合兩種糕餅的做法，改良出風靡全台的黑糖糕。

它的原型類似發粿，最早是用小瓷碗當模具塑形，所以是圓形的。因為是發酵糕點的一種，俗稱發糕，過去是逢年過節祭拜神明或祖先的供品，澎湖人認為這樣可以帶來財富。由於台灣本島的求學及就業機會較多，許多年輕人來到台灣本島，有時就會帶著黑糖糕當伴手禮，久而久之，它的名聲就逐漸傳開。為了方便攜帶，1990後也從圓形改為方形的盒裝黑糖糕。

撕開黑糖糕可以看到糕體有大小不一的孔洞，這是因為在攪拌麵粉、樹薯粉等原料時會產生氣泡，加熱後氣泡破裂就留下孔洞。所以如果孔洞很多很大，代表用料不夠紮實，但是也不能完全沒有孔洞，因為這樣會使得黑糖糕太黏，影響口感。

以前的黑糖糕保存期限很短，放冰箱冷藏也只有7天，2020年因新冠肺炎，導致澎湖觀光客大幅衰退，有業者引進新的冷凍保鮮技術，讓保存期限延長到兩個月，造福廣大的饕客。

小吃BOX
不同滋味的客家黑糖糕

客家黑糖糕是客家傳統糕餅，在製作時加入了糯米粉及蓬萊米粉，比澎湖黑糖糕更Q、更黏、也更有嚼勁。因為製作成薄薄的圓餅狀，有客家披薩之稱。

073

九層炊

古早味飄香的米食點心

甜
點
類

地點：全台

　　九層炊是台灣常見的米製食品，若在街頭看到油蔥粿、九重粿、紅目粿、掀粿等名字，都是九層炊的別稱。這種美食既有黑糖香甜，也有油蔥鹹香，加上口感鬆軟綿密，很受老人及小孩喜愛。

　　九層炊的傳統作法，要先將在來米及蓬萊米製成米漿，分別加入黑糖及油蔥，製作時先淋一層米漿蒸熟，撒上油蔥配料後，再淋一層米醬，反覆動作重覆九次，所以會有九層，九層炊的名字也因此而來。雖然用料簡單，但製作過程卻非常繁複，蒸的時間太短會讓兩層糊在一起，太長會讓兩層無法黏合，十分考驗製作者功力。也由於成品層層堆疊，食用的時候可以一層一層掀起，所以有人稱它為掀粿。

　　由於各地的堆疊方式不一樣，所以外型看起來也不同，有的是鹹甜口味交錯，外形顏色有如斑馬線般相間；有的則是甜歸甜、鹹歸鹹，於是就會出現上半部及下半部顏色不同的情形，這種鹹甜涇渭分明的粿，因為紅棕色集中在上半部，所以又稱為紅目粿。

　　對客家人來說，九層炊的吉祥意義濃厚，是農曆年與重陽節要食用的應景食品，因為九的發音與「久」相同，具有天長地久的寓意，也代表長命百歲，而九層堆疊也象徵步步高陞。也因為它的軟嫩易食，適合長輩品嘗，演變到後來也具有反哺奉養的涵義。

　　一般的食用方式是切塊冷食，熱煎則是另一種口感。在醬料的搭配上多半是醬油，但也有人淋糖汁或蜂蜜，端看每個人的食用習慣。

小吃ＢＯＸ

簡易版的九層炊

台菜知名美食家黃婉玲曾表示，沒有九層的九層炊是偷工減料，但隨著時代演變，現代人化繁為簡，在製作九層炊時，都鋪上厚厚的米漿，一層當二層用，使得真正的「九層」炊已經非常稀少，是一種十分費工的傳統點心！

074

狀元糕

好彩頭的象徵

台灣狀元糕的外型很像古代狀元帽，早期是小販挑著蒸熟的狀元糕在外販售，後來改成挑著炭爐沿街叫賣，出現三輪車後，則由車載著炊具，在街上現蒸現賣，現在則多半是以攤車形式，在夜市或固定地點販售。它在不同溫度有不同的口感，剛出爐的狀元糕較鬆軟，放涼後則Q彈綿密，過去在台灣中南部較常見，但如今已經越來越難買到。

狀元糕最初是從中國傳來的，據說是古代考生在前往考試時的必備糧食，形狀多半是方形或長形，但傳入台灣並落地生根後，不僅外形特別，連原料也已完全不同。中國的狀元糕多半是糯米及在來米製成，而台灣在1922年，日人磯永吉成功培育出蓬萊米後，狀元糕的原料就改為蓬萊米了，它比在來米更Q黏有彈性，咀嚼起來帶有香甜的味道，也使得台灣狀元糕的滋味更上一層樓。

它的做法就是將蓬萊米泡水磨粉後塞入木製模具，再加入花生糖粉或芝麻糖粉，以蒸氣蒸熟。特殊的外形來自於頂著小蓋子的矮柱體木製模具，因此能做出外形如狀元小高帽的糕體，也使得它象徵著吉利，許多考生在考試前都會買來吃，希望考出滿意的成績。

現代狀元糕口味也是花樣百出，除了持續熱賣的花生、芝麻外，還有進階版的抹茶、黑糖，最特別的應該算是爆漿巧克力和鐵觀音奶茶了。傳統口味樸實耐吃，創新口味新穎特別，各有風味，一樣迷人。

地點：全台

小吃BOX

與婚俗有關的狀元糕

許多台灣的知名餅鋪也有販售狀元糕，與街頭攤車的狀元糕不同，這種狀元糕以糯米粉製成，刻有繁複精緻的圖案，口感綿密，入口即化。早期中部的婚俗中，女方要以狀元糕回禮，有著祝福新娘子嫁狀元尪生狀元子的含意。

075

車輪餅（紅豆餅）

日本來的舶來品

甜點類

車輪餅是種外型為圓餅形狀、包著餡料的點心，普羅大眾不分男女老少，都難以抗拒它的魅力。在臺灣，它有許多別稱，老一輩的人因為經歷過日治時期，會稱它為「太鼓饅頭」（taiko manju），經過簡化及台語化，變成 ban-jiū 的發音。而它圓扁的外形，有如打扁的物品，所以有「管仔粿」的稱呼。至於紅豆餅的名稱，則是來自於它的紅豆泥餡料了。

車輪餅是來自於日本江戶時代的和菓子，由於發源地在當時的今川橋一帶，所以取名為「今川燒」。它的外皮以麵粉、雞蛋與砂糖製成，因為日本人很喜歡紅豆，所以早期的餡料多半是紅豆泥。日治時期，車輪餅傳入台灣，因為早期台灣沒有生產紅豆，原料必需從國外進口，所以價錢昂貴，是有錢人的點心。直到1960年代，紅豆在平地的屏東萬丹鄉試種成功後，才開始大量栽植，並讓車輪餅成為物美價廉的點心，走入庶民生活。

除了紅豆，奶油、蘿蔔絲也是車輪餅很經典的內餡，近年來又發展出許多口味，如巧克力、抹茶、芋頭等。甚至有人顛覆傳統，挑戰它平價小吃的觀念，加入高級食材如干貝及烏魚子等，一個賣到199元，堪稱車輪餅界的LV。而做成鯛魚形狀的鯛魚燒，是採用不同模具製作的同類食物，算是豪華版的車輪餅。

剛出爐的車輪餅，餅皮金黃酥脆最好吃，所以很多攤販都是現點現做，饕客通常都願意等待。光看老闆將各種餡料夾入麵糊中，就令人垂涎三尺，當拿到熱呼呼的成品時，大口咬下的瞬間，更是充滿了幸福感喔！

地點：全台

小吃BOX

不受洋人青睞的紅豆餡

有台灣人在英國販售車輪餅，有趣的是，在台灣的經典口味紅豆餡，洋人卻敬而遠之，因為他們認為豆子是鹹食，所以通常會選擇巧克力或奶油口味。但通常只要願意嘗試，多半也會愛上紅豆餡的滋味。

076

菜燕

透心涼復古甜點

菜燕是一種傳統點心，隨著點心不斷推陳出新，這個點心界的前輩也逐漸消失在大眾眼前，很多年輕人聽到菜燕的第一個反應就是：這是什麼？其實菜燕是台語發音，它就是冬瓜洋菜凍，是冬瓜加上洋菜製成的傳統甜點。而洋菜在日本稱為寒天，華語稱為海藻瓊脂、凍粉。

洋菜是用紅藻提煉，具有凝結的作用，和做果凍的吉利丁不同，因為吉利丁是以動物膠質提煉，是葷食，洋菜則可讓素食者食用。口感上，洋菜比吉利丁爽脆，不如吉利丁柔嫩。

紅藻的營養豐富，能潤肺清痰，含有更多不飽和脂肪酸。由於製成的洋菜價格低廉，以前的人吃不起燕窩，就以洋菜取代，菜燕的名字也因此而來，代表素食的燕窩。

菜燕的煮製法極為簡單，將比例大約是 1:8 的洋菜粉和水一起煮，待洋菜粉融化後，加入與水等比例的冬瓜茶，攪拌後放涼，就可以冰入冰箱，食用時就能有冰冰涼涼的享受，是夏日很受歡迎的甜品。台灣人還會加入檸檬水、糖水、冬瓜茶等作為搭配。

想吃菜燕可以在市場找到，不過早期的菜燕是由人推著小攤車販售，攤車上有個裝置會持續發出「喀搭、喀搭」的聲音，所以只要遠遠地聽到聲響，就知道賣菜燕的來了。菜燕很少單獨販售，多半和其他小吃一起出現，有的是麻糬、或是涼西圓、或綠豆粉粿，很受庶民喜愛的甜品。據說形狀因地區而異，宜蘭是裝在鐵碗裡，呈現圓形，中南部則多半切成三角形或菱形，有機會遇到販售菜燕的攤子不妨觀察一下。

甜點類

地點：全台

小吃ＢＯＸ
不同口味的菜燕

在馬來西亞、香港及澳門，菜燕叫做大菜糕，相較於台灣只有冬瓜口味，他們會加入蛋花、牛奶、椰奶、水果等不同原料。香港還會用各種模具做出不同造型的大菜糕，非常有趣。

手工大水餃
韭菜

糖 包
$5元

杏仁奶酪

伍

飲｜品｜類

077

泡泡冰

綿綿密密的消暑涼方

飲品類

台灣位在北緯約22°～25°之間，介於熱帶與副熱帶氣候，夏季尤其炎熱，很多人每天都要來點冰品以對抗酷熱的天氣，也因此誕生了各式各樣的冷飲冰品，其中有「台灣冰淇淋」之稱的泡泡冰，口感介於冰淇淋及沙冰之間，廣受大眾歡迎，從研發至今，大概已經有70年的歷史。

泡泡冰的創始人張聰祥一開始是販售普通的剉冰，1955年時，他在基隆的遠東戲院前擺攤，因為看到客人吃冰時先攪拌剉冰與配料才入口，激發了他的靈感，他心想，何不替客人將剉冰和配料先拌好再上桌？付諸行動後，那綿密的口感與入口即化的特色，讓嘗過的人讚不絕口，而且深受學生喜愛，於是他便開始販售。據說有人建議他為這冰品取名「太空冰」，但他沒有採納；又有人說這種冰細緻綿密，很像泡泡，因為聽起來可愛順口，他就將之取名為泡泡冰。

泡泡冰一開始的作法，是把不同口味的原料加上剉冰，用勺子或湯匙不停攪拌，非常考驗技術，技術不佳的人，打出來的冰口感較粗，而且會生汁。長久下來，也會使手腕韌帶發炎。為了使品質保持穩定並避免職業傷害，所以現在都改用機器攪拌了。早期的泡泡冰以果醬當原料，現在為了追求健康，水果系列都改以台灣本地的新鮮水果製作，少了化學香料，多了天然的果香，滋味更上一層樓。為了讓客人容易購得泡泡冰，有業者與時俱進，斥資建立泡泡冰中央工廠，加入宅配的行列，現在不用特地跑到基隆也能品嘗到美味的泡泡冰。

地點：基隆→全台

小吃**BOX**

多加了牛奶的不同變化冰品

綿綿冰和雪花冰的口感也都很綿密，與泡泡冰不同的是，這兩者製作時均會加牛奶。綿綿冰是牛奶冰片與配料一起攪拌而成，雪花冰則是用牛奶製成冰磚，再用機器刨出細密冰片，可以單獨吃冰、也可加入配料享用。

芒果冰

席捲全球的沁涼甜蜜冰品

飲品類

隨著地球暖化，台灣夏季的氣溫也節節高升，成熟的製作工藝讓台灣冰品不斷推陳出新。從最早期的清冰開始不斷變化，不但可以加入紅豆、綠豆，也可以加各種水果切塊、蜜餞，配料非常多元。而芒果冰，就是剉冰中的後起之秀。

由於台灣是水果王國，剉冰中加入各種鮮果不足為奇，芒果冰的起源已不可考，但是讓它聲名大噪、走入國際的，則是一家坐落在永康街的冰店「冰館」。老闆羅駿樺與老闆娘張介梅一開始經營的是傳統剉冰店，但是營收卻不太理想，最慘時一天只有一千多元的營業額，所以他們不斷思考如何突破窘境，便在傳統芒果剉冰上淋上煉乳及芒果醬，最上方再加一球芒果冰淇淋。經過改良的芒果冰不僅有剉冰、有新鮮的芒果，還有冰淇淋，推出後果然一炮而紅，引發全台熱潮。也讓原本價格便宜的傳統芒果冰搖身一變，成為冰品界的霸主，販售價格也大大攀升。

據說老闆夫婦當初只是隨手將芒果冰淇淋加在剉冰上，沒想到會引發風潮，連全球知名冰品哈根達斯都派人到店裡觀察，想了解芒果冰爆紅的祕密。好吃的芒果冰都是使用台灣本土當季的新鮮芒果，因為經過冷凍後的芒果口感不佳，美味會打折扣。而台灣夏季盛產芒果，種類近20種，最適合的品種是金煌，它的果肉多，而且幾乎沒有纖維，滋味甜而不酸，吃起來又Q彈，是芒果冰的最佳拍檔。

地點：台南→全台

小吃BOX

走入國際的臺灣之光

芒果冰紅遍國際，在《紐約時報》的
報導中，它與故宮、台北101齊名，
是來台必嘗美食；也曾獲得CNN推
薦為全球十大必吃甜點之一。創辦人
羅駿樺的創業故事，還被改編為戲劇
《流漂子》躍上螢幕。

079 木瓜牛奶

第一代的台灣飲料界巨星

木瓜牛奶在台灣已經屹立超過一甲子，和後起之秀珍珠奶茶相比可是一點也不遜色。國內許多名為「木瓜牛乳大王」的店家都已承傳至第三代。至於它的由來則眾說紛紜，目前以下述二種可信度較高。

1950年代，陳宏宗原本在台北親戚家的乳牛牧場幫傭，搬到台中後，幫岳母打理豆漿店。他的孩子在台北已經習慣喝牛乳，但台中的牛乳卻沒那麼普及，讓他嗅到商機。他便在豆漿店賣起了牛乳，一開始生意不好，隨著時間過去，越來越多人能接受這種飲料。有一天他突然想到，以前在軍中，有同袍會在木瓜上淋煉乳食用，那美妙的滋味令他印象深刻，於是他便把木瓜加進牛奶裡，結果一炮而紅，於是在1960年時，他所經營的「牛乳大王」順勢於中華路夜市開幕。

另一說是源於高雄。鍾文梁原本是台中外埔人，大兒子出生後，他想多賺點錢，便舉家搬到高雄，以計程車為業。載客時，他發現大部分的人渴了會買仙草茶、冬瓜茶等飲料，便尋思是否有其他新鮮的口味，想到南部盛產木瓜，便把木瓜和牛奶放在一起打成果汁，成為新興的飲料，在1966年開設「高雄牛乳大王」。當時木瓜牛奶一杯才3元，但與一杯只要5毛的青草茶、冬瓜茶相比卻很昂貴，使得生意極為慘澹。但熬過草創期後，生意漸入佳境，更在全臺灣開起了分店。

木瓜雖然營養豐富，但本身有個難以言喻的味道，讓很多人不能接受，但若是與牛奶一起打成果汁，那香甜清涼的滋味卻少有人能抗拒。這讓食品企業看到商機，於1991年推出紙盒包裝的木瓜牛乳在超市上架，讓我們隨時都喝得到木瓜牛奶。

地點：全台

小吃 B O X

全球只有台灣有的經典飲品

木瓜是熱帶作物，牛乳是溫帶的產物，能讓看似平行線的兩種食物有機會相交的，唯有台灣。台灣在1970年代育種木瓜成功，又開始發展酪農業，使得原本只有零星販售的飲料成為各冰果室必備品項，並形成風潮，席捲台灣人的心。

豆花

在齒間化開的綿軟滋味

豆花，也有人稱它為豆腐花、豆腐腦，是相當受歡迎的傳統庶民甜點。早期在台灣是由小販挑攤沿街叫賣，所到之處往往吸引大人小孩拿著碗公爭相購買。隨著經濟好轉，豆花也改成在固定位置販售，不管是夜市或五星級飯店都可以看到它的身影。

據說豆花和豆腐是同源發現的，差別在於豆花的水分較多，因此口感更軟嫩。它的起源目前有二種版本，都與淮南王劉安（劉邦的孫子）有關。一種是說劉安追求長生不老，常與門下方士一起修道煉丹。某次在煉丹時以豆漿培育丹苗，機緣巧合下混合了豆汁與石膏，形成豆腐。第二種是說有一次爆發洪水，許多黃豆被泡軟，成為劉安製出豆腐及豆花的契機。雖然這些起源目前沒有佐證資料，卻也顯示豆花的起源很早，使得它成為華人社會共同的美食，並在各地發展出不同口味，有甜有鹹還有辣。

台灣的普遍吃法與中國南部、香港和馬來西亞等地一樣，習慣加入糖水做成甜食，夏天加入碎冰沁涼消暑，冬天做成暖呼呼的熱飲。有別於其他國家，台灣人會在豆花裡加入各種配料，如花生、芋圓、綠豆、紅豆、粉圓、布丁等，讓整碗豆花顯得熱鬧繽紛。豆花的口味也非常多變，除了原味豆花，還有巧克力豆花、芒果豆花、芝麻豆花等可選擇，更豐富了豆花的滋味。鹹豆花在台灣比較少見，加了蝦米、油蔥、菜脯、油條等配料的鹹豆花，口感較像蒸蛋，因為有別於傳統甜食的印象，接受度較低。

地點：全台

小吃ＢＯＸ

嘉義人的獨特吃法

甜豆花的「湯底」大多是加白糖水或是黑糖水，但是嘉義人卻多半會加豆漿，形成當地的特色。早期想嘗綿密豆花搭配香濃豆漿的滋味，只能親自到嘉義，隨著這種搭配流傳開來，現在幾乎全台都有這個選項了。

豆漿

香濃好喝又健康的東方牛奶

豆漿的歷史悠久，是華人普遍的飲品，國民政府遷台後，隨著老兵傳到台灣。在飲食習慣尚未西化時，台灣人的早餐除了清粥小菜，豆漿配燒餅油條也是很常見的組合。豆漿是將黃豆或黑豆磨成汁後飲用，在《本草綱目》中有「豆漿，利氣下水，制諸風熱，解諸毒」、「豆漿性平味甘」等記載，現代營養學也指出，它具有豐富的植物性蛋白質，而且沒有膽固醇，老少咸宜。

有關豆漿的起源，傳說與研發出豆腐的劉安有關。劉安是個孝子，由於黃豆營養豐富，他便每日將泡好的黃豆磨成豆漿，給患病的母親飲用，之後劉母的病情果然好轉，這個飲品也因此流傳開來。這個傳說未經證實，但是目前最早的豆漿紀錄已可追溯到東漢時期，在中國打虎亭漢墓出土的石板上，繪有墓主生前的莊園生活，裡面就有製作豆漿的壁畫。

在台灣一提到豆漿，大部分的人會馬上聯想到「永和豆漿」，這個全台耳熟能詳的店名，最早是泛指在臺北永和中正橋附近販賣豆漿為主的早餐店，並非單一店家。當時有許多外省退伍老兵在那邊開設豆漿店，因為開店時間很早，許多人在清晨觀賞完中華少棒在美國比賽的實況轉播後，就去永和吃早餐，讓「永和豆漿」的名聲越來越響亮，以永和豆漿為名的店家也遍布全台。

台灣有些豆漿店以焦香味為特色，這是因為煮豆漿時若沒有時時攪拌的話，會有沉澱物，而沉澱物煮過久就會產生焦味，也讓接受度兩極化，討厭的人認為是豆漿煮壞了，喜歡的人覺得有焦香味才是古早味，兩方論戰不休，互不相讓，也算是台灣豆漿的特色。

地點：全台

小吃ＢＯＸ

豆乳與豆漿其實不同？

豆乳和豆漿雖然都是黃豆製成的飲品，但因為製法不同，味道也有差異。豆漿的做法是磨漿→過濾→煮沸，而豆乳則是磨漿→煮沸→過濾，因此喝起來的豆味較濃郁。

冬瓜茶

飲料界的老祖宗

冬瓜分布在亞洲的熱帶、亞熱帶及溫帶地區,很早以前就已經被食用,但唯有台灣將它熬製成飲品,作法就是冬瓜削皮、去籽、切塊、加糖和水一起熬煮,待冷卻後濾渣即成。步驟簡單,卻耗時費工,是一款具古味的傳統飲品,由於清涼消暑,至今歷久不衰。

據說它是清同治年間,在安平與西港一帶的瓜農為了延長冬瓜的保存時限而發明出來。不過直到日治時期,它才開始大紅大紫,當時有位廖毛將配方整理出來,傳授給徒弟張福裕,張福裕於1912年創立「進來涼冬瓜茶」,開啟冬瓜茶流行百年之路。而廖毛幼年時即常跟著祖父在大街小巷販售冬瓜茶,可見大約清末民初時期,民間已有販售冬瓜茶的行當。

此外還有一個有如言情故事的版本。清同治年間,在安平與西港一帶有個老實的瓜農,愛上了員外的千金,為了迎娶千金,他用心栽種冬瓜積攢聘金,使得他的冬瓜不管在品質或產量上都是數一數二的好。可惜員外嫌棄瓜農,不想讓女兒低嫁,便叫僕人摸黑去打破瓜農的冬瓜。隔天瓜農一看,心都涼了。但他突然靈機一動,把破碎的冬瓜加糖加水熬煮成冬瓜茶,販售賺錢,成功迎娶心儀的美嬌娘。

雖然各種飲料推陳出新,讓傳統的冬瓜茶不如過去暢銷,但它仍在飲料市場中占有一席之地,不僅各大賣場買得到罐裝及鋁箔裝,也走入手搖店家,想要特別一點的口味可以加檸檬或牛奶;喜愛咀嚼的民眾還可以選擇添加粉圓、芋圓、仙草凍等,怎麼搭都好喝。

飲品類

地點:全台

小吃ＢＯＸ

將祝福心意化為甜蜜滋味

冬瓜除了煮成飲料，早期還會製成色澤金黃的冬瓜糖，是嫁女兒必備的「四色糖」中的一種，有「吃甜甜，生後生（兒子）」的祝福意謂；也有人在婚後害喜時，拿來當作舒緩孕吐的蜜餞。

綠豆湯

清涼退火，冰鎮一夏

在酷熱的夏天中喝一碗冰鎮綠豆湯，可說是一大享受，這是一種華人地區很普遍的家庭常備飲品，在台灣很常加薏仁一起食用。

綠豆最早產於印度、緬甸一帶，後來傳到中國，被當成綠肥和中藥。許多古籍都提到它性涼、味甘，能清熱解毒、消暑除煩、利尿祛痘，適合在夏天食用。中藥最簡單的吃法就是加水煎服，400多年前，綠豆湯就一度被當作治療瘟疫的藥方，而且要加糖才有用，若是加鹽巴，不但無法解毒祛暑，還會越喝越渴。

台灣確切引進綠豆的時間已經不可考，但應該在日治時期以前由先民從中國引進栽培，一開始有油綠豆及粉綠豆二種，但台灣目前以種植粉綠豆為主，它在烹煮時容易熟爛，特別適合用來煮綠豆湯。

綠豆湯就是綠豆加水加糖一起煮，看似簡單，煮製過程卻有很多門道。想要粒粒分明，可以先乾炒綠豆再悶煮，煮熟的綠豆就會保持外形完整，湯水清澈。若喜歡軟爛的，則可以先浸泡綠豆再煮，這樣就會口感綿密。唯一要注意的是，不管哪種煮法，糖一定要最後才加，否則會讓綠豆偏硬。

在台灣南部喝綠豆湯，往往帶有一股特殊的焦香味，有點類似花生或麵茶的味道，據說是店家會先將部分綠豆磨成粉，用文火炒過再加入湯汁裡所形成。而煮好的綠豆湯還會加入粉角，這是一種用樹薯粉製作的的半透明條狀食品，口感與粉圓有點像。由於南部的綠豆湯多半煮成糜爛狀，不太需要咀嚼，搭配QQ的粉角，正好讓綠豆湯的口感更有層次。

地點：全台

084 青蛙下蛋

因為形象化而廣為人知的飲品

地點：全台

青蛙下蛋是台灣夜市的知名飲品，它的食材當然不是真的青蛙蛋，而是山粉圓或粉圓。山粉圓是一種野生植物的種子，俗稱「狗母蘇」或「香苦草」，扁平的褐黑色外形，看起來像黑芝麻，但一旦泡水，黑色種子外會出現一層半透明的膜，而中心仍然有一粒小黑點，看起來就如同青蛙蛋一樣，以它為材料製作的冷飲才被稱為青蛙下蛋。

山粉圓涼飲是在糖水中加入帶有自然清香的山粉圓，再放些碎冰，早期在台灣鄉間，它已是很受歡迎的止渴妙方，並非新創的飲品。常見有人於神明的生日祭典挑擔沿街販售，平日在冰店內也可以看到這種配料。

至於以粉圓為配料的青蛙下蛋，據說是在1978年的炎熱夏天，巫坤旺先生看到粉圓，想起小時候在鄉間抓青蛙時看到的蝌蚪，便在糖水中加入粉圓，並將之命名為青蛙下蛋，同時做為在士林夜市冷飲攤位的店名，因為名字逗趣傳出口碑，許多販售粉圓的攤販也跟進，逐漸廣為人知。

山粉圓的熱量低，且富含水溶性膳食纖維及鈣質，與主要成分為澱粉的粉圓相比，不僅較健康，吃了之後也不容易發胖。由於它遇水就會膨脹3至4倍，煮食時不能倒太多，而且要慢慢攪拌，讓每顆山粉圓都能充分吸收水分，以免黏在一起而影響口感。煮好的山粉圓滑滑QQ的，直接吞或細細咀嚼會有不同的感受。想要增加變化，可以再加入仙草，或在糖水中加入檸檬，有些人更是直接將糖水換成果汁、奶茶或紅茶，也都很適合。

小吃ＢＯＸ

改名換運是真的！

黑糖珍珠鮮奶就是將黑糖、牛奶、粉圓加在一起的飲品，大約在2019年爆紅。它並非新創，大約在2005年出現的「青蛙黑蛋奶」、「青蛙撞奶」都是黑糖珍珠鮮奶，名字應該是受到青蛙下蛋的啟發，不過當時並未掀起風潮。

085

清涼愛玉

全球唯一的台灣特有種

愛玉的外形晶瑩剔透、光滑潤澤，視覺上極具清涼效果，在炎熱的夏天喝一碗，那沁涼柔滑的滋味，更是瞬間安撫了燥熱的臟腑，讓人感到舒服自在。

愛玉是上天賜予台灣的禮物，全世界僅台灣有，而這歸功於一種名為愛玉小蜂的授粉。如螞蟻般大的愛玉小蜂對於環境的要求很高，一點菸味就能殺死牠，所以產愛玉的地方，也代表生態環境良好。

台灣最早有關於愛玉的紀錄，出現在連橫的《臺灣通史》，其指出愛玉原產於嘉義山中，但書中都沒有相關記載。在道光初年，有個住在台南的商人常到嘉義買土產，因為天氣太熱而感到口渴，到溪邊喝水時，發現水面好像結了凍，捧起來喝後發現極為沁涼，像冰一樣，仔細一看，發現水面上有一些種子，在搓揉之後果然出現果膠，他便將種子帶回家，在水中揉洗成凍，並加入糖水食用，果然非常好吃。他後來讓名為「愛玉」的女兒販售這種凍飲，因此民眾便以愛玉稱呼它了。

有趣的是，愛玉其實有漢字寫法，就是薁蕘（òr-giôr），而且各地的名稱還不太相同，嘉南地區稱它為「枳仔」，新竹叫「偏拋」，北港是「角仔冰」，可見它早已風行全台。這樣看來，連橫寫的愛玉比較像薁蕘音譯，可能因為通俗好記，有助於流通，愛玉不僅販售到福建及廣東地區，還紅到日本去，1916年（大正五年）的《臺灣日日新報》，在介紹臺灣特產的文章內，就有提到淺草公園附近有販售愛玉，以及日本人來台灣會購買愛玉當做伴手禮的報導。

飲品類

地點：全台

小吃ＢＯＸ

假的真不了

天然愛玉的產量不多，價格較高，所以不少坊間店家會用洋菜粉加水仿製，其口感較有韌性，比不上真愛玉的Ｑ彈軟嫩、入口即化。而且天然愛玉靜置在室溫下沒多久就會出水，假愛玉放再久仍舊保持原樣，是最簡單的分辨法。

086

仙草（冷／熱）

甜蜜蜜的黑金飲品

飲品類

仙草是一種中藥材，具有清涼退火的效用，台灣不管是閩南人、客家人或原住民都有食用的習慣，最常見的吃法有三種：仙草茶、燒仙草、仙草凍，發展至今也有仙草雞、仙草排骨等鹹食，食用方式多元。

早期農業社會，在火傘高張的夏日裡若要下田耕種，仙草茶是最佳生津解渴的飲料。深褐色的仙草茶通常不加糖，入喉順滑，初飲微苦，之後會回甘。因為飲用者以年長者居多，被戲稱為老人飲料，現在為了符合年輕人口味都會加糖，在茶飲店很受歡迎。可別小看仙草茶，雖然不難熬煮，但前置作業極為漫長，要先將仙草收割曝曬成仙草乾後，再儲放至少3個月以上才能使用。因為新鮮仙草的草菁味濃郁，味道不好。

熱的仙草是台灣獨有的熱飲，發源地在花蓮玉里，傳到中壢後，販售熱仙草的老闆張正崑，將飲品加上熱的台語讀音「燒」（sio），從此以「燒仙草」流傳開來。這是將仙草熬煮超過8小時，由於富有膠質，使得燒仙草顯得濃稠，裡面會再搭配紅豆、綠豆、芋圓、愛玉和花生等佐料，是冬天很受歡迎的飲品。

仙草熬煮時釋放出膠質，所以放涼後會凝結成凍，就是仙草凍。仙草凍是手搖茶與冰店的基本配料，往往切成小方塊，軟嫩帶Q的口感很受歡迎。有些店家為了省時省力，會在熬煮時加入太白粉、地瓜粉，幫助它凝凍，風味不如全天然的仙草香濃。

台灣人喜食仙草，本土產的仙草供不應求，因此市面上大部分都是進口仙草。本土仙草的香氣是進口仙草比不上的，吃到的人請多多珍惜。

地點：全台

小吃ＢＯＸ

土地公也愛喝仙草

新竹交通大學對面有間土地公廟，
如果帶著仙草蜜去拜拜，祂會保佑
考生考試順利。據說是有位考生去
交大考研究所，夢到老先生要他拿
瓶瓶罐罐去拜拜，他選了仙草蜜後
果然順利考上，這個傳聞也因此流
傳開來。

杏仁茶

經典長紅的古早味

杏仁茶具有止咳潤肺、養顏美容的效用，自古以來就普受大眾的喜愛，在飲料百花齊放的現在，特別具有復古感。

台灣人很早就開始飲用杏仁茶，日治時代出版的《民俗台灣》裡，有一段回憶1914年士林市場的描述，裡面提到，早上7點可以在市場裡買到杏仁茶及油車粿（即油條），在當時，這是很常見的早餐組合。夜晚時，則輪到賣杏仁茶的小販上場，他們大約在晚上8點出門，挑著杏仁茶擔子沿街販售，同時也兼賣油條。

杏仁茶受歡迎的程度，在1932年的《台灣日日新報》上的報導可見端倪。報導描述瑞芳有位身形不到一公尺的青年，靠著販售杏仁茶，不僅供養母親，也拉拔三個弟弟長大，足見當時飲用杏仁茶的人口相當多。

除了是市井小吃，在1923年（大正12年）時，它也登上了皇太子裕仁親王的宴席。當時他來台巡察，在十餘天的餐飲中大多採西式宴席，只有一次端出台灣料理，最後的甜點就有杏仁茶。時隔81年，2004的總統就職國宴上，再度成為國宴佳餚，足見其歷久彌新。

純正天然的杏仁茶本身味道柔和，若是嘗到味道嗆鼻的，多半是在製作時添加了化學香精。杏仁的種類很多，用來做杏仁茶的通常是南杏（甜杏），古法是先將南杏脫膜，再與生米一起泡水，待一段時間後攪拌成漿，然後加水研磨，此時會有很多渣滓，必須過濾取汁再煮至沸騰，稠滑香濃的杏仁茶於是大功告成。拜科技所賜，現代各種料理器具讓杏仁茶的煮食簡便許多，對喜歡杏仁茶的人來說是一大福音。

地點：全台

小吃ＢＯＸ

加蛋，巷仔內ㄟ

台南、嘉義喝杏仁茶，習慣先將蛋黃打入杯內，然後加點鹽巴快速攪拌，以避免吃生蛋脹氣，再沖入熱騰騰的杏仁茶。行家的吃法，是要將這碗色澤有如蛋蜜汁的杏仁茶，與油條一起搭配食用，加了蛋的杏仁茶帶點蛋香，滋味非常特別。

088

珍珠奶茶

成為台灣進攻國際的最佳代言人

若用武林來比喻飲料界，那珍珠奶茶的存在就可以用「轟動武林，驚動萬教」來形容。被發明後，不過30年的時間，不僅在台灣掀起風潮，更讓全世界為之瘋狂，也讓台灣在國際的能見度更上一層樓。

珍珠奶茶的前身是大約1983年興起的泡沫紅茶，也就是紅茶、果糖、冰塊放在雪克杯中搖晃，產生細緻的泡沫。後來經營泡沫紅茶的店家將粉圓加入奶茶，創造出珍珠奶茶。目前有兩家店稱自己是發明者，一家是台中發跡的春水堂，一家是台南發跡的翰林茶館。

大約在1985年，林秀慧在春水堂的前身「陽羨茶行」任職，從小就愛吃粉圓的她將粉圓加入奶茶，成為朋友間的隱藏版飲料，受到一致好評，便在1987年正式推出。直接取名粉圓奶茶沒什麼特色，想到黑粉圓外形圓潤具光澤，與珍珠相似，就以珍珠奶茶命名。

另一說是翰林茶館老闆涂宗和於1986年在市場看到白色粉圓，靈機一動，覺得將煮好的粉圓加入奶茶，可以喝飲料又吃到點心一舉兩得，試做後口感絕佳，因為白色粉圓晶瑩剔透如珍珠，便以珍珠奶茶命名。

一開始珍珠奶茶使用的是小顆粒粉圓，後來逐漸出現大顆粉圓。當時有位港星葉子楣，因其身材豐滿，被港媒封為波霸，台南一家叫「草蜢」的小販，為了區別大小粉圓，便將大粉圓以波霸稱呼，因為新奇有趣，後來全台都這麼稱呼。

珍奶在全球到底有多紅呢？除了在各國都買得到，2018年的日本珍奶狂熱最令人嘖嘖稱奇，諸如珍珠鮭魚親子丼、珍珠麻婆豆腐、珍珠水餃等鹹食，顛覆了台人對珍奶的想像。

飲品類

地點：全台

小吃ＢＯＸ

粉圓進化史

一開始的時候，粉圓只用地瓜粉製作，因為受限於地瓜種類，只有白色粉圓，後來出現新品種地瓜，使得粉圓不僅有了顏色，口感也更Q。現在的粉圓多半使用樹薯粉製作，並加入了焦糖（一說黑糖），才呈現深褐色。

089

剉冰

讓人無法抗拒的冰品

飲品類

不管是東方或西方，吃冰的歷史都很早，但由於製冰不易，在古代，吃冰是貴族們的特權，一般百姓無福享用。而台灣吃冰歷史源於日治時期引進的清冰，更早之前則只有將飲料泡在冷水中，藉此保持低溫的「涼水」。

清冰是將清水製成大冰塊，再將冰塊削成碎冰，然後淋上甜甜的糖水及一些散發果香的香蕉油，北部稱雪白冰，南部稱香蕉冰。在剉冰機尚未發明的時代，是人工用刨刀、鑿刀將冰塊刨細，刨冰機引入台灣後，手工刨冰仍舊維持了一段時間，一來因為機器價格高昂，賣冰的店家一開始無力負擔，二來則是賣冰的幾乎都是擺在路口的攤位，沒電可以用。手工剉冰最大的特色就是冰片大小不一、厚薄不同，因為無法削到很細，所以還能咬到小顆粒的冰，口感爽脆，也不容易融化。

台灣的農產豐富，開始有人不滿足於只單純吃冰，加上受到日本甜點影響，於是便在清冰中加入紅豆，在觸類旁通下，本土盛產的綠豆、蜜豆、芋頭也成為配料。隨著刨冰機越來越普及，剉冰不僅變細，配料也越來越千變萬化，不僅有鳳梨、芭樂等各種水果切塊，也有醃李、醃梅、楊桃乾等蜜餞。更晚一點，米苔目、粉粿、粉圓、蒟蒻、椰果也成為配料大軍的一員，三種冰、四果冰、八寶冰、水果冰百家爭鳴。原本只淋糖水，也逐漸有乳酸飲料、黑糖、煉奶及各種糖漿可選擇。

隨著視覺美學的興起，台灣的剉冰又進入了新階段，不僅配料要多，擺盤也很講究，它已經不只是消暑，甚至是一種藝術品。

地點：全台

小吃ＢＯＸ

冰火二重天的燒冷冰

1965年，屏東販售熱湯圓的店家，因為天氣炎熱，顧客要求加刨冰，因而創造出燒冷冰。燒冷冰的湯圓、芋頭、花生、紅豆等配料是熱的，周圍覆蓋刨冰，吃的時候要從下面的配料開始吃，而且不可攪拌，以免冰融化。

090

芋圓

口感Q彈的人氣甜品

芋圓是台灣很常見的甜食，它的口感Q彈軟韌，還帶有微微的芋頭香，吃法可說是千變萬化。冬天吃熱的暖身，夏天吃冰的降溫，而且可以搭配燒仙草、薑湯、豆花等糖水，並與紅豆、芋泥、粉圓、粉粿、湯圓等配料混合食用，幾乎沒什麼限制。

提到芋圓，台灣人大多會聯想到九份，但是發明者卻是住在瑞芳的蔡林保雲。原本住在宜蘭的她，1938年嫁到瑞芳，與丈夫一同在自家的柑仔店工作。後來7個孩子陸續出生，收入不足以養活一家人，因此丈夫便種起了蓮霧、芋頭和地瓜，收成後拿到柑仔店賣。當時瑞芳有4個煤田區，礦工下工後肚子餓會找東西吃，看到商機的蔡林保雲於是開始販售菜頭滷（甜不辣），並在夏天天氣炎熱時，兼賣梅子清冰。

蔡林保雲很疼孩子，為了讓小朋友開心，就將芋頭、地瓜粉和水混合，搓揉成長條形再切成小塊，給孩子當零嘴，這就是最初所指的芋圓。並且最早是做成鹹食，與鹹湯圓有點像，後來才改做成甜的，不僅小孩喜歡，大人也愛吃。於是蔡林保雲開始將芋圓當作配料加在剉冰裡，在柑仔店販售，芋圓的名氣也流傳開來。

現今的芋圓大部分是仿效蔡林保雲的做法，不過有些人會添加太白粉，讓芋圓的口感軟一點。好吃的芋圓，芋頭的比例至少要占7成以上，才會散發芋頭香，而且吃起來帶有顆粒感，是用芋頭香精調配出來的假芋圓無法比擬的。

地點：新北→全台

小吃ＢＯＸ

滿足咀嚼控的味蕾

芋圓大受歡迎，坊間複製其製作方式，出現了地瓜圓、綠豆圓、抹茶圓、山藥圓、芝麻圓等甜品。其中芋圓與地瓜圓最常一起出現販售，兩種都是早期台灣人的重要主食，灰紫色和澄黃色的搭配，是味覺與視覺的雙重享受。

陸

伴｜手｜禮｜類

091
蜜麻花

越吃越涮嘴

伴手禮類

台灣蜜麻花大約興起於 1965 年左右，相較於類似的老式零食「麻花捲」，可說是後起之秀。麻花捲由來已久，因外形像繩索，台語稱為「索仔條」、「蒜蓉支」，它比較像餅乾，口感脆硬，相較之下，蜜麻花的口感酥鬆，更像是沙其瑪，但又比沙其瑪紮實。裹了麥芽糖的外形帶點光潤，味道香甜，即使是牙齒不好的人也可以大快朵頤。

蜜麻花主要的原料包括麵粉、麥芽糖、蛋等，要先將扭成麻花的麵粉以高溫油炸，再裹上麥芽糖漿，然後灑上炒過的白芝麻。剛做好的蜜麻花呈現金黃色，外裹的麥芽晶瑩剔透，那綿中帶脆的口感，讓饕客大為傾倒。雖然步驟看似不多，但製作也不容易，光是捲麻花就一定得純手工，而且因為利潤不夠高，大間的食品廠不願投入，所以產量不多，導致它成為知名的排隊美食，持續數十年而不衰。

麥芽糖遇熱很容易融化，所以蜜麻花適合在春秋冬三季購買。若夏天嘴饞，要放在冰箱冷藏，融化的麥芽糖不僅會黏住包裝袋，食用時也會黏牙，實為一大考驗。當然，最好的方式是買回來二、三天就吃完，因為新鮮的口感最香酥，放久了會導致風味變差。

除了傳統口味，也有人研發出香蔥蜜麻花，在蜜麻花上灑上滿滿的香蔥，香氣四溢、甜中帶鹹的滋味，也擄獲了不少人的心。甜滋滋的蜜麻花雖然好吃，但它有一個最大的缺點：熱量驚人，想要減肥的人最好遠離它。

地點：全台

小吃BOX

簡易版蜜麻花 DIY

突然想吃蜜麻花，可以利用水餃皮自製。水餃皮較薄，可以將三層疊在一起，在中間切一條頭尾不斷的切痕，然後取一邊從中間翻過去，再用大火快炸。炸好後裹上用砂糖熬煮至融化的焦糖，就是簡單的蜜麻花了。

092

方塊酥

總統級的美味酥脆點心

嘉義是台灣早期開發的城市之一，因此人文薈萃，是許多美食的發源地，方塊酥也是其中之一。多層次的酥鬆感讓它從問市以來，即擄獲不少人的胃，並成為嘉義知名的伴手禮。因為美味，也受到歷任總統好評，是官邸點心，也是國宴上宴饗外賓的甜點。

方塊酥的由來有兩個說法，一說是由黨長發所發明。黨長發原本在中國擔任空軍公職，後來隨著國民政府來到台灣。當時政府財務狀況不好，使得公務員的待遇也不佳，黨長發只好想辦法開拓財源，謀求生計。由於本身會做燒餅，對於麵食又有興趣，幾經研究，於1956年結合北方烙餅和南方酥餅的做法，研發出又香又酥的方塊餅乾，並將之取名為方塊酥。

另一說的發明者戴大可，則是因為小時候家境不富裕，國中就開始打工賺錢，協助負擔家計。17歲時，他發現居住的眷村有外省人以反覆折疊撤壓的方式製作燒餅，成品香酥有層次，他便向其中一位老師傅學藝，並改良做法，做成方塊酥。

方塊酥如同其名，外形方正，它是以麵粉、奶油或豬油、芝麻及糖等原料製成，製作時麵團要一再交疊，所以餅皮層層相疊，這也正是它酥脆口感的原因。早期的方塊酥尺寸較大，而且沒有分開包裝，適合人多的大家庭共享，隨著時代變化，現在不僅尺寸變小，也採用單片包裝，既衛生又較不易受潮。口味更與時俱進，從原本的單一化，到現在超過百種，讓年輕人也願意買單，成為歷久不衰的伴手禮。

地點：嘉義

小吃ＢＯＸ

後來居上的鹹蛋黃餅

在方塊酥業者不斷求新求變的思維下，於2014年研發出鹹蛋黃口味的方塊酥，鹹蛋黃濃濃的鹹香與餅皮的甜香融合，不僅降低甜膩感，又讓口味多了層次，一推出就大受歡迎，不僅在台灣熱銷，在國外也引起搶購。

093

鳳梨酥

美味小金磚

伴手禮類

　　小小一塊長方體，外形沒有任何裝飾，平平無奇，品嘗時，酥鬆的外皮有濃郁奶油香，甜而不膩的內餡則帶點淡淡的鳳梨香，皮餡完美融合，令人一吃上癮，這就是台灣風靡全球的鳳梨酥。

　　它原本就是台中的名產，2006年台北市舉辦的「鳳梨酥文化節」，讓它打開了國際知名度，成為外國人旅遊時必買的台灣十大伴手禮之一，年產值高達300億新台幣，說是小金磚也不為過。它不僅收服了日本、歐美等各國人士的胃，中國人更是捧場，據說有店家一年光是賣給中國人的鳳梨酥高度，疊起來有5棟101大樓高。還有日本背包客因為喜歡鳳梨酥，在部落格畫了「台灣鳳梨酥地圖」，詳細介紹各地店家。

　　鳳梨酥的前身，據說是早期婚嫁時的中式大圓餅。這個原產於南美洲的水果，於17世紀輾轉傳入台灣，直到日治時期才開始發展鳳梨產業。到了1970年代，台灣一度成為全球鳳梨罐頭出口大國，隨後外銷量萎縮，鳳梨滯銷，於是漢餅業者開始將鳳梨製成的果醬製成餡料。可惜鳳梨餡纖維粗、酸度高，口感並不好，糕餅師傅便不斷研究改良，後來發現冬瓜纖維細膩，與鳳梨一同製出來的餡料細緻潤滑又解決過酸的問題，非常理想。接著糕餅師傅又參考西式糕點的作法，將餅皮用奶油、奶粉製作，並將尺寸改得小巧，它才從喜慶禮餅轉變為休閒糕餅。

　　投入鳳梨酥的業者很多，在百家爭鳴的情況下，創新便成為勝出的不二法門，因此鳳梨酥不僅內餡變化多，造型也有寶島型、錢幣型等花樣，包裝設計更常讓人耳目一新，讓食用者獲得味覺與視覺的雙重饗宴。

地點：台中→全台

小吃BOX

冬瓜酥 VS. 土鳳梨酥

製餅師傅在改良早期的鳳梨品種製成餡料
後口感不佳的問題時，便挑中取得容易、
口感又細緻的冬瓜來搭配鳳梨熬醬，既保
留鳳梨的甜香，又具備綿密的口感，受到
大眾喜愛而成為主流。後來，糕餅業者又
再研發以純正鳳梨製作、不添加冬瓜餡的
鳳梨酥，為了區別，就以土鳳梨酥稱之，
它的口味微酸，纖維較明顯，香氣也較
濃，呈現另一種美味。

蛋黃酥

酥到讓人魂牽夢縈

蛋黃酥是台式油皮月餅的一種，和其他月餅比起來，蛋黃酥小巧玲瓏，一口咬下，層層酥皮在嘴裡散開，緊接著便是綿密細緻的烏豆沙餡，與噴香飽滿的鹹蛋黃，又酥又軟的口感與鹹甜交織的味道，迷倒許多饕客。若是不急著吃完，仔細觀察剖面，會發現它別有乾坤，那深色烏豆沙餡包裹著金黃圓潤的鹹蛋黃，恰似夜色裡的明月。

蛋黃酥的由來已不可考，有糕餅師傅認為，由於早期的農業社會沒有豐富的物資，富貴人家才有財力在節日時吃糕餅，因此當經濟好轉，對於糕餅的需求增加，就衍生出各種糕餅，蛋黃酥正是其中之一。

它的作工非常繁複，首先，它的餅皮有油皮和油酥皮兩種麵團，兩種互相交疊後，反復捲撖數次，才能使餅皮具有層次；其次，紅豆經過泡、煮、打成泥的步驟，以紗布濾出豆沙，再與麥芽糖一起翻炒，製成烏豆沙餡。鹹蛋黃則要先以鹽醃製，再加酒以中溫烘烤。最後則是將餡料包入餅皮，再送進烤箱。由於過程中很多步驟需要以經驗判斷隨時調整作法，因此許多名店都以手工製作，也使得蛋黃酥無法成為銅板美食。

近幾年來，台灣社會越來越肯定職人精神，也誕生了不少世界麵包冠軍，他們紛紛投入蛋黃酥製作，有的將法式千層酥皮的技法融入，有的將食材精品化，結合自己的專業與創意，為蛋黃酥注入新意，也創造更多話題。

地點：全台

小吃ＢＯＸ

蛋黃酥界愛馬仕

有位世界冠軍採用高級食材製作
蛋黃酥，有「蛋黃酥界愛馬仕」
之稱。因為限量，這家蛋黃酥非
常搶手，有人認為它比五月天演
唱會門票還難搶。有網友買到
後，在網路上喊出5000元的天
價，相當於一顆要價500元。

太陽餅／老婆餅

台中人的共同美味記憶

伴手禮類

一提到太陽餅，台灣人立刻會想到台中，說台中是太陽餅的故鄉，一點都不為過。在1990年代，自由路已是知名的太陽餅街，短短的路上有十幾家太陽餅店，而且每家都宣稱自己是老店；後來開放陸客來台，更使得太陽餅的業績蒸蒸日上，全盛時期，通往中山高速公路的中清路及台灣大道上，幾乎每家店都在販售太陽餅，蔚為奇觀。而這些店家為了拓展販售品項，幾乎都同時兼賣老婆餅。

太陽餅和老婆餅形狀雷同，都是圓扁狀的餅，而且皆是以酥皮所製，有些人會誤以為是同一種餅，但因為用料不同，入口即可發現差異，概略就是太陽餅的上層餅皮較厚，層次較多，較為酥鬆；老婆餅則上下厚度一致，口感較結實緊密，不會掉屑。

太陽餅源起於台中社口林家，因為以麥芽糖做餡，最早稱為麥芽餅，是糕餅師傅以酥餅方法製作的甜點。1950年代，林氏子孫林紹崧延攬糕餅師傅魏清海於自由路創立太陽堂餅店，改良麥芽餅後命名為太陽餅，重新包裝行銷，使它聲名大噪。早期的太陽餅尺寸較大，老台中人會把它切小塊，再泡於熱水或牛奶中食用，現代人多半是直接搭配咖啡或茶水乾吃。

老婆餅則源自於廣東潮州，內餡主要是冬瓜餡，所以也稱為冬蓉酥。它的餅皮上有一個個小氣孔或是劃三條裂痕，以免烘烤時餅皮太膨脹。傳統的內餡會加入糯米，所以較Q彈，味道也沒有太陽餅那麼甜。

太陽餅與老婆餅雖然是傳統糕餅，在各式糕餅百花齊放的現在仍不退流行，可見其歷久彌新的魅力。

地點：台中

096

鐵蛋

硬是要得的鐵蛋

鐵蛋是淡水知名小吃，走在淡水老街，往往可以看到一家又一家的鐵蛋攤販。它和茶葉蛋一樣，都是可以當作零嘴的食物，但是茶葉蛋到處都有，鐵蛋則比較像是淡水專屬，出了淡水後就較少見到販售的攤商。

鐵蛋的外形黝黑，這是因為反覆滷煮自然上色，它的出現，出自於台灣人不願浪費的心態。早期黃張哖（阿哖婆）在淡水渡船頭旁經營小麵攤，販售麵食、小菜及滷蛋給漁民，被他們戲稱為「海腳大飯店」（海腳為漁夫的台語）。滷蛋有時候賣不完，她又捨不得丟掉，便接著滷煮，使得蛋越來越黑、越來越硬也越來越小。沒想到這種黑色滷蛋因為很有嚼勁，反而大受歡迎，而且被人們以鐵蛋稱之。

一開始大多是漁民及附近的居民前來購買，因為阿哖婆年紀大，購買時往往一句：「阿婆，我要買鐵蛋」，使得阿婆鐵蛋成為它的代名詞。1983年，民生報記者林明峪前來採訪，寫成〈阿婆鐵蛋，硬是要得〉的報導，更讓它廣為人知，不僅有日本媒體前來採訪，也有教授為它寫書。

阿婆鐵蛋打出知名度後，淡水老街開始有許多人製造鐵蛋，可惜因為阿哖婆及家人沒有註冊商標的觀念，使得「阿婆鐵蛋」被其他人搶先註冊，也讓阿哖婆的鐵蛋從此式微，目前也已歇業。

鐵蛋的作法並不繁複，主要是以醬油跟滷包熬滷，但所費時間較長，因此現今的鐵蛋則多半是機器製造，而雲林的特產是醬油，不少淡水鐵蛋都交由雲林廠商代工製作，由於鹹香入味，還打進香港市場，受到喜愛。

地點：新北

小吃BOX

熱量超級比一比

鐵蛋需要反覆加熱，導致其蛋白質結構已改變，使得營養價值降低而熱量變高。據估測，每100克鐵蛋大約為288千卡，鹹蛋約185千卡，滷蛋約171千卡，水煮蛋是144千卡，茶葉蛋則是141千卡，可見鐵蛋熱量不容小覷。

牛舌餅

沒有牛舌的牛舌餅

牛舌餅是台灣的傳統茶點，也是知名的伴手禮，它並非以牛舌製作，而是因為外形為長橢圓狀，形似牛舌而得名。由於作法不同，還分為鹿港牛舌餅和宜蘭牛舌餅，兩者的口感差異懸殊，鹿港是短而厚的麵餅，口感酥軟，宜蘭則是長而薄的餅乾，口感脆硬。

清代早期，鹿港是重要的海港，非常繁華，生意人多、巨富也多，因而有許多酒肆茶樓，也誕生了豐富的美食，而牛舌餅據說就是從中國傳來，又經鹿港的糕餅師傅改良而成。主要是將麥芽糖裹在麵糰中，再送去煎或烤，成品較軟，而且適合熱食。早期牛舌餅的價錢便宜，因此當地搬運海貨的工人，肚子餓的時候就以牛舌餅果腹，所以它一直以來就是庶民小吃，沒有人用它來送禮。直到1979年，時任省長的前總統李登輝在端午節時舉辦第一屆全國民俗才藝活動，將它列為「民俗茶點」，才使它聲名大噪，曾有店家一天賣出兩萬多塊牛舌餅的紀錄。

宜蘭牛舌餅則據說是糕餅師傅韓阿輝得到的靈感，他曾至中國學糕餅技術，在學習的過程中有所心得，回到宜蘭後就著手研製新點心，並成功做出形似牛舌的餅乾，並取名為牛舌餅。之後他將技術傳授給老元香，打出了名號，成為宜蘭的特產之一，讓許多店家競相仿效。宜蘭牛舌餅是將麵粉、奶粉、糖等揉成麵糰，再桿成薄狀的餅皮，送去烤製前要在表面劃一刀，才能使餅內的空氣蒸發，使成品外形平整。原本僅有蜂蜜、牛奶、芝麻三種口味，現在口味眾多，連三星蔥也入味。

地點：彰化／宜蘭

圖片版權：Ming-Hsiang Chuang/Shutterstock.com

小吃ＢＯＸ

祝福嬰兒的餅乾

宜蘭牛舌餅早期是「收涎」儀式
的必備品，嬰兒滿四個月時，父
母會邀請親友前來，請他們將掛
於嬰兒胸前的牛舌餅取下，並佯
裝擦掉嬰兒口水，再吃掉餅，代
表收乾嬰兒的口水，祝福他聰明
伶俐地長大。

綠豆椪

日治時期即有的台灣之光

綠豆椪是傳統的台式月餅代表,對老一輩的人而言,家人在中秋節一起食用過綠豆椪,才算是過完節日。它的外型圓潤白皙,餅皮酥鬆,綠豆沙餡綿密,肉臊餡醇香,融合成甜而不膩的滋味,讓品嘗者的味蕾接受美味的洗禮。

綠豆椪起源於豐原,這裡從清朝開始就聚集了不少人,也誕生不少名門望族,早期的飲食及糕餅帶有中國泉州與漳州的風格。日治時期,由於日本政府推行「南進政策」,吸引不少日本製菓業者來台,並帶來日本的糕餅技術。由於日本人喜甜,糕餅業者後來便發明包綠豆沙餡的小月餅,稱為「葫蘆墩餅」。

以前沒有烤箱,烘焙糕餅只能燒木炭加熱,由於火力不均,必需不斷翻面,才能讓餅平均受熱。有一次,綠豆椪的創始人呂水在烤製糕餅時,由於生意太好而忘了翻面,因而出現表面雪白、底部微焦、中央凸起的點心,因為外形美觀,口味也不錯,於是他實驗了幾次,最後做出乒乓球大小的糕餅,隨手放在店內,有顧客看到詢問名字,呂水的老婆阿水嬸隨口說出綠豆椪,從此大家便以綠豆椪稱之。

西元 1925 年(大正 14 年),日人於台中舉辦「台灣區糕餅展」,呂水以綠豆椪參賽並獲得銅牌獎。能以中式月餅在一群日本參賽者中脫穎而出,這在當時非常不容易,「綠豆椪」因而聲名大噪。

現代人追求健康,綠豆椪的內餡從小塊肥肉改成肉臊,並且減糖減油;內餡也推出純綠豆沙餡,也有添加香菇或蛋黃的口味,選擇多了,讓每個人都能找到喜愛的口味。

地點:台中→全台

小吃ＢＯＸ

客家綠豆椪

客家的肚臍餅是客家傳統月餅，它以綠豆泥或是蕃薯泥當內餡，製作時故意讓內餡從餅皮凸出來，烘焙後，露餡的地方會有點焦，形似肚臍而得名。客語的「凸」即為「椪」，所以又稱為綠豆椪，也是一項非常好吃的傳統糕餅。

099

蝦餅

鮮蝦的滋味在嘴裡跳動

蝦餅是台南安平的特色美食，它的滋味香脆可口，每個來到安平的人，都要帶幾包當伴手禮，也造就了安平老街上密集的蝦餅店，而且各有特色。

蝦餅的由來，據說起自中國的東南沿海。由於夏季是蝦子盛產的季節，為了延長它的保存期限，也為了豐富冬季的飲食，便出現這種食物。後來隨著海上貿易以及移民而傳入印尼，被當地華僑改良，成為當地最傳統庶民食物。

台灣的蝦餅起源則眾說紛紜，有人說是隨著印尼的新移民傳來，但也有人說是從巴西傳來，會在安平出名是因為當地有港口，有足夠的新鮮蝦子作為原料，其中又以渾身通紅通的「火燒蝦」最好。

傳統蝦餅製作費工，製作時得先一隻一隻剔除蝦子的眼睛和尾巴，再攪拌成泥漿，並加入蛋白、麵粉、調味料等，放入蒸籠蒸熟後，要先風乾，再切成片狀，然後在烈日下曝晒，成為生蝦餅，待要食用時再油炸，即是店家販售的蝦餅。油炸時要特別注意油溫，若是溫度不夠高，無法炸成功，反而導致生蝦餅浸在油裡。

剛炸好的蝦餅香氣逼人，口感酥脆，十分迷人，但是隨著人們越來越重視養生，擔心油炸方式對身體造成負擔，於是以健康取向為訴求的非油炸蝦餅就應運而生。作法跟傳統方式雷同，最大的差異在於以高溫高壓的膨發方式取代油炸，滋味一樣爽脆，所以也大受歡迎。

現在業者還開發出黑胡椒、辣味、海苔、咖哩等口味，造福不滿足於單一口味的美食家們。

地點：台南

台灣人發明的月亮蝦餅

月亮蝦餅是以薄餅皮包裹蝦泥、魚漿再油炸的食物，未切片前金黃的模樣有如滿月。它的口感紮實飽滿，由於在泰式料理店都能品嘗得到，許多人誤以為是泰國料理，但它其實是由台灣人所發明的美食。

柿餅

好柿成霜的美味

柿子是秋天的水果，在台灣各地都有生產，將它做成果乾後就變成柿餅，是新竹新埔的名產。它的外表綿軟橙紅，入口香甜並且帶有微QQ的咬勁，而且還富含鈣、鐵、維生素等營養，是不少人喜歡的食品。

由於古代沒有冰箱，為了讓冬天有足夠的食物，古人便發展出醃製、發酵、風乾等保存方式，柿餅就是在這個情況下誕生，後來隨著中國的客家移民流傳到台灣。在新埔落地生根的客家人發現，該地土壤貧瘠，而且乾燥少雨、日照充足，尤其每年九月特有的「九降風」強勁乾旱，受吹拂的柿子在自然而然的情況下被帶走了水氣，留下甜蜜滋味，更是製作柿餅的絕佳條件。

所以在日治時期，新埔就有很多地方在製作柿餅，受限於技術，加上沒有銷售管道，多半是小量製作，除了少部分自己食用，多餘的柿餅就交給前來收購的商人，再轉銷出去，最遠有販售到中國大連的紀錄。

從採收到完成，依古法製作的柿餅大約需要7至14天的時間，其中經過重複的乾燥、碳烤、揉壓等步驟，才能將4公斤左右的柿子做成1公斤的柿餅。期間不能淋到雨，否則就會腐爛，非常不容易。有些柿餅上有一層白白的粉末，那可不是發霉，而是自然形成的柿霜。在乾燥的過程中，柿子裡的糖分會滲出，並在表皮凝結，越多代表品質越好，所以有柿霜的柿餅價格通常也比較高。

地點：新竹

小吃ＢＯＸ

柿子一點也不毒

坊間有「柿子很毒」的說法，而且認為吃完柿子再吃螃蟹或牛奶、優酪乳會中毒。其實這是因為柿子含有鞣酸，與胃酸作用後會導致消化不良，才會有不舒服的感覺。只要不在空腹食用、一次不吃太多，就可以避免不適感。

手工蛋捲

一層又一層的酥脆

蛋捲是源自西班牙的餅乾，製作成分主要是麵粉、糖、蛋和奶油，將調製的麵糊煎熟後捲起。不過台灣的蛋捲並非直接由歐洲引進，而是1970年代時，有台灣商人去香港出差，當時香港蛋捲相當流行，那位商人吃了以後驚為天人，便決定要在台灣生產蛋捲。無論是嘉義著名的福義軒蛋捲，或者是目前有名的喜年來蛋捲，都差不多是1977～1979年左右開始製作與販售。

早期香港製作蛋捲的方式是使用燒瓦斯的煎台，不過之後台灣有工廠製作出插電加熱的電熱煎台，由福義軒購得。福義軒便靠著這些電熱煎台手工製作蛋捲，引發風潮；而著名的喜年來蛋捲一開始也是使用手工製作蛋捲，不過1979年時，老闆決定開發全自動蛋捲製作機，並花兩年開發成功，就此成為我們目前熟知的蛋捲品牌。

雖然台灣蛋捲進入了全自動時代，不過目前福義軒仍堅持使用手工製作蛋捲。此外，台灣各縣市的市集時常也能看到手工蛋捲攤位，他們甚至會現場煎好蛋捲給顧客。手工蛋捲相較於機械蛋捲，厚度更厚，口感更多層次，且可以製作多種創意口味，更重要的是，剛煎完的熱呼呼蛋捲，吃起來和你一般所知的蛋捲可是完全不同的美味喔！

地點：全台

小吃ＢＯＸ

蛋捲不只有圓管型

一般蛋捲的製作方式是將煎好的麵皮捲成圓管狀，不過台中蛋捲品牌「六月初一」開發出新的形狀，他們將多層次的麵皮捲成阿拉伯數字「8」字型，他們稱為「8節蛋捲」。下次來台中，不妨來看看吧。

——參考資料——

書籍

《慢食府城》，王浩一，心靈工房，2007
《臺灣味道》，焦桐，二魚文化，2009
《臺味：從番薯糜到紅蟳米糕》，陳靜宜，聯經出版公司，2011
《臺灣舌頭：臺灣味道三部曲之三》，焦桐，二魚文化，2013
《大碗大匙呷飽未？》，陳玉箴，聯合文學，2014
《樂暢人生報告書》，魚夫，天下文化，2015
《台灣史上最有梗的台灣史》，黃震南，究竟，2016
《蚵仔煎的身世：台灣食物名小考》，曹銘宗，貓頭鷹，2016
《味道福爾摩莎》，焦桐，二魚文化，2017
《臺南巷子內：移民府城10年，細說建築與美食》，魚夫，遠見天下文化，2018
《百年台灣古早味：尋訪真實老味道（增訂新版）》黃婉玲，健行，2019
《台灣菜的文化史：食物消費中的國家體現》，陳玉箴，聯經出版公司，2020
《行走的台南史：府城的過往與記憶》，蘇峯楠，玉山社，2020
《沙茶：戰後潮汕移民與臺灣飲食變遷》，曾齡儀，前衛出版社，2020
《吃的台灣史》，翁佳音、曹銘宗，貓頭鷹，2021
《巷弄裡的台灣味：22道庶民美食與它們的故事》，范僑芯（佐餐文字），
　　時報文化，2021
《喔！臺味原來如此》，陳靜宜，麥浩斯，2021

文章

〈餅與匱乏：從節日飲食到英雄傳說的考察〉，楊玉君，中正大學中文學術年
　　刊，2011
〈遊台17次！日人設鳳梨酥地圖〉，東森新聞，2011
《中小型餐飲業現場改善之研究—以礁溪八寶冬粉推行品管圈活動為例》，游
　　懿珊，2012

《名產與地理環境關係的探討——以「岡山羊肉」為例》，林綺婷、陳姿婷、葉香蘭

《地方美食與臺灣肉品市場的供需關係——溪湖羊肉爐》，張素玢，2012

〈臺灣味：酒樓菜、庶民味——蝦丸與臺南的香腸熟肉攤〉，吳亮衡，《觀‧臺灣》第37期，2018

〈台南官田的菱角產業與水雉保護互動之探討〉洪立三、韋煙灶、吳仁邦、鄧伯齡，《自然保育季刊》第58期（2007.06）

❻ 網頁

〈湯鮮味濃嚼勁佳　八寶冬粉〉，楊桃文化，https://www.ytower.com.tw/prj/prj_343/p1.asp?serno=354

〈筒仔米糕、散米糕誰才是正統？〉，詹鎰睿，2021：https://www.setn.com/News.aspx?NewsID=1013516

《筒仔米糕是台灣創作料理，油飯不要來米糕siûnn——台中清水王塔米糕》：http://yufuhome.blogspot.com/2013/11/blog-post.html

〈台中清水筒仔米糕出名 饕客各有所愛〉，張軒哲，2020：https://news.ltn.com.tw/news/Taichung/paper/1388740

〈「四川」牛肉麵其實源自台灣？一窺牛肉麵的背後故事〉，鐘玉霞、莊蕙瑜，2017：https://food.ltn.com.tw/article/2347

〈《超A評論》平民美食：滷肉飯的前世今生〉，曹銘宗，2016：https://talk.ltn.com.tw/article/breakingnews/1635910

〈蚵仔麵線的由來〉，apollo，2017：https://is.gd/aHkPth

〈蚵仔麵線怎麼做？不要再煮蚵仔了！它喜歡悶燒。〉，臺灣阿鹹，2019：https://blog.icook.tw/posts/131851

〈紅麵線、白麵線差在哪？不只顏色，口感也大不同！〉，陳凱詩，2018：https://food.ltn.com.tw/article/330

〈粄條的由來〉，陳彬高，2018：https://www.tipga.com/e/5b391c753286fe39a64e0a78

〈「北新埔、南美濃」南北客家粄條哪裡不一樣？〉，何碩倫採訪，陳凱詩編輯，2018：https://food.ltn.com.tw/article/4344

〈從傳統鍋邊糊到創作料理鐪邊趖〉，魚夫，2018：https://www.peoplemedia.tw/news/2f3f5f05-6221-4a63-a7d8-5536fc2b1bf3

〈鼎邊銼〉，焦桐，2020：https://news.readmoo.com/2020/12/11/tiann-pinn-so/

〈米漿趖起來！鼎邊趖、鼎邊糊傻傻分不清楚？〉，臺灣阿鹹，2019：https://blog.icook.tw/posts/132020
〈假酸漿～提供阿拜之內葉的植物〉，台東茂仁秋菊阿嬤的庭園廚房，2015：https://hsoldbody.pixnet.net/blog/post/196542048
〈臺東部落粽：阿粨、奇拿富和DoReMi〉，發現臺東慢食，2021：https://vocus.cc/article/60ff6237fd89780001bd966c
〈台南的味道：鹹粥探訪〉，走尋鳳凰，2014：https://discoverphoenix.pixnet.net/blog/post/81480380
〈說「半粥」〉，魚夫，2017：https://www.gvm.com.tw/article/40297
〈前進台南 來上一碗幸福〉，今周刊，吳淑華，2011：https://is.gd/qFCD2G
〈九降風下的物產，新竹米粉怎麼來？中元節為什麼要拜米粉？誰的打包帶？〉，《貢丸湯》Vol.12「風城求生指南」，吳君薇，2017：https://smiletaiwan.cw.com.tw/article/2293
〈新竹米粉與貢丸的故事〉，陳錦昌，2016：https://www.peoplemedia.tw/news/ec337bc1-6431-4eb9-ac8c-931b70a4cfed
〈叫新竹第一名一米粉．玻璃與晶片〉，邱花妹、李桂芬，天下雜誌217期，1999：https://www.cw.com.tw/article/5106631
〈在地人想私藏！彰化６家老字號肉圓〉，張庭瑄整理撰文，2021：https://supertaste.tvbs.com.tw/pack/331830
〈【美食典故】樂善好施的肉圓〉，2010：https://www.epochtimes.com/b5/10/11/14/n3084686.htm
〈鞭神老師《尋食記》：油炸 vs. 清蒸，百分之百台灣本土小吃「肉圓」的歷史〉，鞭神老師，2021：https://www.thenewslens.com/article/159011/fullpage
〈【地球咬一口】那些你不知道的異國粽子〉，徽徽，2019：https://dq.yam.com/post/11094
〈「粽話」千年：粽子起源和屈原可能完全無關？〉，楊玉君，2018：https://theinitium.com/article/20180704-notes-rice-dumpling/
〈米糕與油飯〉，張耘書，2021：https://www.newsmarket.com.tw/mag/7237
〈油飯米糕傻傻分不清〉，魚夫，2021：https://opinion.cw.com.tw/blog/profile/194/article/11026
〈竹筒飯製作訪問紀錄〉，受訪者：王利蘭女士，訪問者：黃晴，紀錄整理：王郁軒：http://library.taiwanschoolnet.org/cyberfair2012/cchps2012/narrative05_02.htm
〈【大武壠族原住民文化側記】不用鮮竹，不叫竹筒飯──被忽略的平埔美食〉，游永，2010：https://puumen2727.pixnet.net/blog/post/37370421

〈大廚招牌菜：金蓬萊的排骨酥〉，趙曼汝，2020：https://is.gd/MO4O1h

〈酒家來的排骨酥〉，焦桐，中國時報，2015：https://www.chinatimes.com/
　　newspapers/20150223000503-260115?chdtv

〈薑母鴨的尋味之旅〉，陳靜宜，料理.台灣，2020：https://ryoritaiwan.fcdc.
　　org.tw/article.aspx?websn=6&id=5903

〈台灣特有薑母鴨！　1年吃出百億營業額〉，賴建志採訪，2011：news.tvbs.
　　com.tw/other/71544?from=Copy_content

〈冬天裡的一把火——薑母鴨〉，蔡文婷，台灣光華雜誌，2003：https://is.gd/
　　cW0IuW

〈台灣小吃——台灣羹源遠流長的滋味〉，韓良露，2011：https://www.roc-
　　taiwan.org/sg/post/10676.html

〈赤肉羹跟肉羹差在哪？為什麼到宜蘭一定要吃肉羹？〉，臺灣阿鹹，2019：
　　https://blog.icook.tw/posts/133999

〈廟口肉羹〉，焦桐，今周刊696期，2010：https://www.businesstoday.com.
　　tw/article-content-80730-97378

〈土魠魚羹其實是葡萄牙料理？專訪鄭維中追查土魠魚和虱目魚身世之謎〉，
　　採訪撰文/陳皓嬿，2020：https://is.gd/JRIsrg

〈阿鳳浮水虱目魚羹〉，台南旅遊網：https://is.gd/wrUSyq

〈岡山羊肉文化產業〉，阿公店溪社區雜誌部落格，2010：http://gangshancity.
　　blogspot.com/2010/03/blog-post_22.html

〈豬血湯〉，焦桐，今周刊642期，2009：https://www.businesstoday.com.tw/
　　article/category/80730/post/200904090039/

〈從豬血湯到繽紛豬雜，街頭小吃也有大學問〉，魚夫，獨立評論，2021：
　　https://opinion.cw.com.tw/blog/profile/194/article/11689

〈台南孔子廟修復使用豬血土 再現傳統工法〉，撰稿編輯江昭倫，2019：
　　https://www.rti.org.tw/news/view/id/2007864

〈南臺灣的家魚－虱目魚〉，陳奕中，農政與農情，2004：https://www.coa.
　　gov.tw/ws.php?id=2501509&print=Y

〈虱目魚教的信徒啊，這是你該知道的虱目魚二三事〉，青悠，泛科學，2018：
　　https://pansci.asia/archives/142761

〈燒酒雞〉，焦桐，中國時報人間副刊，2014：http://ncusec.ncu.edu.tw/news/
　　press_content.php?P_ID=21189

〈燒酒雞〉，焦桐，文學的心動食光，2019：https://channelplus.ner.gov.tw/
　　channel-program-episode/51428

〈台灣傳統飲食文化——父母經營之藥燉排骨與土虱小吃店〉，陳傳家，
　　2011：https://frank7817.pixnet.net/blog/post/29372911

〈藥膳排骨可以補血活氣、幫助長高調經！但這6種人不宜吃太多〉，內容編
　　輯 Anna Yeh，2022：https://mamibuy.com.tw/talk/article/173127

〈肉丸貢丸、魚丸魚蛋傻傻分不清楚？一張圖讓你搞懂各種「丸子」的親戚關
　　係〉，林芮，2017：https://buzzorange.com/citiorange/2017/03/03/all-you-
　　can-eat/

〈淡水魚丸DIY之旅：在活動中更加認識台灣的海洋文化〉陳睿中，ETtoday，
　　2014：https://travel.ettoday.net/article/335676.htm

〈果與冰的甜蜜相遇〉，蔡蜜綺，2019：https://is.gd/L5OVQ6

〈永康冰館 創造兩億天價店面〉，王榮章，今周刊682期，2010：https://
　　www.businesstoday.com.tw/article/category/183016/post/201001140017/

〈貧賤夫妻何必百事哀？家和即能萬事興！〉，蕭容慧、陳萃英、陳淑美，台
　　灣光華雜誌，1984：https://is.gd/z9W800

〈木瓜牛乳，才是台灣飲料界最德高望重的老前輩〉，佐餐文字，2018：
　　https://everylittled.com/article/97771

〈木瓜牛乳的起源與發展（上）〉，張哲生，2019：https://is.gd/SWthlR

〈冷熱都好吃的豆花，還有鹹、辣的種類與吃法？〉，盧意，自由時報，2018：
　　https://food.ltn.com.tw/article/8273

維基百科〈豆花〉：https://zh.wikipedia.org/wiki/%E8%B1%86%E8%8A%B1

〈甜蜜的驛站〉，焦桐，中國時報人間副刊，2014：http://ncusec.ncu.edu.tw/
　　news/press_content.php?P_ID=20540

維基百科〈豆漿〉：https://zh.wikipedia.org/wiki/%E8%B1%86%E6%B5%86#cite_
　　note-1

〈【逆思】台灣歷久不衰的永和豆漿，原來是中華少棒讓它紅起來的？〉，
　　文 ／ 葉 承 彥、 編 輯 ／ 黃 化 臻，2016：https://buzzorange.com/
　　citiorange/2016/09/10/yung-he-soymilk/

〈冬瓜茶（茶磚）的由來？成為臺灣三大古早味飲料之一的歷史〉，LIFE，
　　2021：https://ppt.cc/fou9Wx

〈渴望一杯冬瓜茶〉，焦桐，中國時報人間副刊，2014：http://ncusec.ncu.edu.
　　tw/news/press_content.php?P_ID=20674

〈重新探尋食物最初的樣貌與美好——《蔬果歲時記》綠豆篇〉，焦桐，2016：
　　https://www.thenewslens.com/article/49739/fullpage

〈田野裡的舊時味：山粉圓，野生野長的消暑種子〉，許鈺屏，農傳媒，2018：
　　https://www.agriharvest.tw/archives/15313

〈台灣人的退火基因〉，焦桐，蘋果日報，2014：http://ncusec.ncu.edu.tw/news/press_content.php?P_ID=20423

〈仙草的「齣頭」，真是大開眼界！〉，魚夫，獨立評論：https://opinion.cw.com.tw/blog/profile/194/article/10222

〈新竹交通大學前仙草土地公廟..新竹神奇土地公 六罐仙草蜜拜祂 保你金榜題名〉，改造人間@就是要醬玩，2012：https://blog.xuite.net/go_to_play/twblog/120126561

〈「仙草」的功效是仙人所賜？〉，JUDY HUANG，AUTOCLEAN自清，2020：https://autoclean.tw/blog/taiwanese-grass-jelly

〈小時的杏仁茶〉，劉克襄，明周文化，2016：https://is.gd/9iJP7e

〈珍奶二三事 | 從慈禧太后的時代開始，台灣就是「高級珍珠」的輸出要塞？〉，Cynthia，2020：https://everylittled.com/article/137551

〈刨冰也是日本料理嗎？〉，劉黎兒，2015：https://is.gd/d0sY23

〈飲冰之約 讓酷夏月變沁涼天〉，吳淑華，今周刊862期，2013：https://www.businesstoday.com.tw/article/category/80730/post/201306270041

〈「冰」家必爭之地 刀削冰殺出一條血路〉，邱芷柔，自由時報，2017：https://news.ltn.com.tw/news/life/breakingnews/2126253

〈糯米炸vs.白糖粿 油炸麻糬療癒甜食〉，黃種瀛、楊宗穎、謝忠義、許文男，華視新聞，2021：https://news.cts.com.tw/cts/life/202102/202102072030725.html

〈【食譜】白糖粿 | 不加一滴水炸麻糬做法，中南部人氣古早味點心〉，MARUKO，2020：https://maruko.tw/2020-11-15.html

〈原住民的麻糬加了檳榔才算完成？〉，愛台客，三立新聞，2015：https://www.setn.com/News.aspx?NewsID=93762

〈隱喻凝聚力的粢粑〉，焦桐，中國時報，2014：https://www.chinatimes.com/newspapers/20140602000636-260115?chdtv

〈彰化對決小琉球 特色「麻花捲」大PK!〉，華視新聞，2021：https://news.cts.com.tw/cts/life/202103/202103142034598.html

〈免揉麵糰的餃皮蜜麻花〉，ching，2016：https://icook.tw/recipes/163929

〈夯番薯四百年～蔡承豪講古：吃番薯不可不知的番薯史〉，蔡佳珊，上下游，2018：https://www.newsmarket.com.tw/blog/105668/

〈蜜地瓜煮不透難入味？掌握3個關鍵，口感Q彈不死甜！〉，陳品臻，自由時報，2020：https://food.ltn.com.tw/article/10622

〈從稱呼番茄的方式，猜測你是哪裡人！〉，食農教育教學資源平台：https://fae.coa.gov.tw/food_item.php?type=AS08&id=87

〈番茄的苦命史：遭台灣人嫌味道不好，還曾被懷疑「有毒」？〉，胖胖樹、王瑞閔，《被遺忘的拉美—福爾摩沙懷舊植物誌》，2021：https://www.cw.com.tw/article/5117451?template=fashion

〈地瓜球？QQ蛋？一秒分辨你是北部人還是南部人〉，黃瀞瑩、謝鈞仲、許世良，三立新聞，2018：https://www.setn.com/News.aspx?NewsID=381567

〈你也愛吃「QQ蛋」嗎？地瓜球的由來〉，JUDY HUANG，AUTOCLEAN自清，2020：https://autoclean.tw/blog/fried-sweet-potato-balls

〈1顆近千元！米其林餐廳新菜色「炸空氣」 網友：地瓜球？〉，自由時報，2018：https://news.ltn.com.tw/news/world/breakingnews/2630159

〈夜市系列16：涼沙圓〉，周老師的美食教室，2008：https://homeeconomics.pixnet.net/blog/post/66280535

〈【媽媽做米食】北埔社區：廟埕前的黑糖糕〉，鄭婷尹，《恁香北埔》，2021：https://vocus.cc/article/601a6dabfd897800013684d3

維基百科〈澎湖黑糖糕〉：https://is.gd/U7uDos

〈堅持古早味 懷舊叭噗成新寵〉，詹怡宜，TVBS新聞，2006：https://news.tvbs.com.tw/life/363183

〈叭噗和冰淇淋不一樣！？自製花生捲冰淇淋潤餅！〉，台灣阿鹹，愛料理，2020：https://blog.icook.tw/posts/148890

〈宜蘭市南館市場九層炊〉，國家文化記憶庫：https://memory.culture.tw/Home/Detail?Id=162446&IndexCode=Culture_Place

〈東港不只有三寶，來說雙糕潤和紅目粿〉，魚夫，民報，2017：https://www.peoplemedia.tw/news/b9761e0d-c653-4d01-acfe-0e55d8be33c5

〈九層糕-客家點心〉，國家文化記憶庫：https://test.cms.culture.tw/riceintw/zh-tw/678/315852

〈「四川」牛肉麵其實源自台灣？一窺牛肉麵的背後故事〉，記者鐘玉霞、莊蕙瑜，編輯陳凱詩，自由時報，2017：https://food.ltn.com.tw/article/2347

〈臺灣牛肉麵的起源〉，張哲生，2018：https://www.facebook.com/124164094530/posts/10156047349719531/

〈【台灣常識集92 ｜＃紅豆餅】〉，圖文不符粉絲團，2020：https://www.merit-times.com/NewsPage2.aspx?unid=509071

〈台灣古早味紅豆餅！日本使館：起源是日本〉，自由時報，2021：https://news.ltn.com.tw/news/life/breakingnews/3650171

〈「吃過車輪餅，我都想拋棄司康了！」台灣國民小吃驚豔英國，但經典的紅豆口味卻獲負評〉，中央社，風傳媒，2018：https://www.storm.mg/lifestyle/419169

〈【臺灣究小食】瀕臨絕種的臺灣小吃〉，范僑芯，2021：https://www.agriharvest.tw/archives/57517

台灣民俗文物辭典〈狀元糕〉：https://dict.th.gov.tw/detailPage.aspx?ID=2297&Ca=32

〈【美食典故】狀元糕的由來〉，大紀元，2012：https://www.epochtimes.com/b5/12/6/8/n3608128.htm

〈「碗粿冷掉是要怎麼吃？」〉，Hello編，2020：https://ppt.cc/fBOExx

〈就這6家最內行！台南人吃碗粿專挑「凹下去的」〉，食尚編輯部，2018：https://supertaste.tvbs.com.tw/food/308196

〈麻豆阿蘭碗粿創辦人病逝　遺留傳奇經驗〉，顧守昌，TVBS，2013：https://news.tvbs.com.tw/local/505643

〈你知道大腸包小腸的取名由來嗎？〉，怡緻，作家生活誌，2016：https://showwe.tw/news/news.aspx?n=1098

〈夜市必吃人氣美食！大腸包小腸〉，鍋寶好食光，2021：https://www.cookpot.com.tw/article/264.html

〈黑無腸、白無腸，不打香腸也來吃個大腸包小腸！〉，台灣阿鹹，愛料理生活誌，2019：https://blog.icook.tw/posts/136989

〈台式油豆腐──阿給的由來和做法〉，圖文不符，關鍵評論，2019：https://www.thenewslens.com/article/125648

〈淡水阿給和基隆豆干包〉，魚夫，遠見華人精英論壇，2019：https://gvlf.gvm.com.tw/article/60832

〈老字號 老攤興家　籃記東山鴨頭〉，壹新聞，2015：https://tw.nextmgz.com/realtimenews/news/15267723

〈巷口美食：台灣滷味的前世今生〉，食力，2018：https://www.foodnext.net/life/culture/paper/5975248339

維基百科〈滷味〉：https://zh.wikipedia.org/wiki/%E6%BB%B7%E5%91%B3

〈《味道福爾摩莎》選摘（3）：蚵嗲─永不消逝的青春記憶〉，焦桐，《味道福爾摩莎》，二魚文化，2015：https://www.storm.mg/lifestyle/50862?mode=whole

〈百年養殖下的蚵仔飲食〉，食農教育教學資源平台：https://fae.coa.gov.tw/food_item.php?type=AS08&id=177

〈日本人說故事！從「蚵仔煎」與鄭成功的淵源，看見不同的歷史評價〉，野島剛，《野島剛漫遊世界食考學》，有方文化，2020：https://www.gvm.com.tw/article/70620

〈湯圓、元宵傻傻分不清楚？最大差別在製作過程！〉，陳凱詩，自由時報，2020：https://food.ltn.com.tw/article/5015

〈客家三味〈上〉〉，焦桐，自由時報自由副刊，2013：http://ncusec.ncu.edu.
　　tw/news/press_content.php?P_ID=16922

〈焦桐談飲食文學—臭豆腐〉，焦桐，文學的心動食光，2015：https://
　　channelplus.ner.gov.tw/channel-program-episode/51428

〈觀點：臭豆腐為何也能成為統獨論戰的中心？〉，威克，2017：https://
　　www.bbc.com/zhongwen/trad/42189636

〈「沒有她，就沒有雞排！」—鄭姑媽小吃店（雞排創始店）〉，張越評，食
　　力：https://www.foodnext.net/issue/paper/4470352184

〈商機破200億！台灣雞排年產量4.4億片〉，徐紹芸、黃啟豪，2020：
　　https://www.ftvnews.com.tw/news/detail/2020518F08M1

〈魚腸劍譜：來賭雞排吧！〉，魚夫，蘋果新聞，2020：https://tw.appledaily.
　　com/forum/20200131/JN6LOXYMWTEOA7DH3GEYH5223U/

〈只有台灣人懂的小吃？豬血糕、海山醬、花生粉超搭！〉，台灣阿鹹，愛料
　　理生活誌，2019：https://blog.icook.tw/posts/135695

〈太窮！屠宰場「剩血」搖身名小吃〉，游皓婷，TVBS，2010：https://
　　news.tvbs.com.tw/life/107232

〈全球十怪之首少見多怪—豬血糕〉，焦桐，今周刊679期，2009：https://
　　www.businesstoday.com.tw/article/category/80730/post/200912240033/

〈30年代農產行〉，竹山鎮公所粉絲團，2013：https://www.facebook.com/
　　JhuShan/photos/a.504470846307529/504471082974172/

〈百年台灣刈包 飄香傳世界〉，iSee Taiwan特色料理故事大募集計畫，看見
　　台灣基金會：https://taiwanflavor.iseetaiwan.org/sample-content-2.php

〈飲食文化大不同——來說潤餅、刈包、燒賣和粽子〉，魚夫，獨立評論，
　　2018：https://opinion.cw.com.tw/blog/profile/194/article/6570

〈十三箱茶葉蛋〉，ohmalife，食貨誌，2019：https://is.gd/aKMcez

〈包子之兵法全攻略（中）：生煎包跟水煎包有什麼不一樣？〉，鞭神老師之食
　　之兵法，2018，關鍵評論：https://www.thenewslens.com/article/86643/fullpage

〈生煎包、水煎包到底怎麼分？老饕揭密「5大明顯差異」〉，三立新聞，
　　2020：https://www.setn.com/News.aspx?NewsID=858616

〈生煎包、水煎包，傻傻分不清〉，魚夫，獨立評論，2020：https://opinion.
　　cw.com.tw/blog/profile/194/article/10276

〈飲食文化大不同——來說潤餅、刈包、燒賣和粽子〉，魚夫，獨立評論，
　　2018：https://opinion.cw.com.tw/blog/profile/194/article/6570

〈清明為什麼要吃潤餅？潤餅也有南北之分！〉，主婦聯盟：https://www.
　　hucc-coop.tw/event/event_prod/22005

〈三少四壯集－在異鄉想像家鄉味〉，焦桐，中國時報，2014：http://ncusec. ncu.edu.tw/news/press_content.php?P_ID=21467

〈蘇杭蔥油餅 層層酥香〉，姚舜，時報周刊，2012：https://tinyurl. com/2dtrek43

維基百科〈草仔粿〉：https://zh.wikipedia.org/wiki/%E9%9D%92%E7%B3%B0

〈清明節為什麼要吃草仔粿？綠色外皮又是什麼原料？〉，李依文，2021： https://www.foodnext.net/life/culture/paper/5357574495

〈老字號 酥嫩八十年 味珍香卜肉店〉，壹新聞，2005：https://tw.nextmgz. com/realtimenews/news/14707069

〈宜蘭在地好料理‧卜肉〉，王永宗，自由時報，2018：https://food.ltn.com. tw/article/4519

〈破解！「鹽水雞」到底是不是淘汰雞～〉，劉宜叡，食力，2018：https:// www.foodnext.net/science/machining/paper/5357101292

〈鹹水雞是淘汰雞？事實真相是這樣…〉，林保宏，TVBS，2018：https:// news.tvbs.com.tw/life/932479

〈台式炸麵包「營養三明治」的誕生是為了解美軍鄉愁？真的營養嗎？〉，李 依文，食力，2021：https://www.foodnext.net/life/culture/paper/5098559627

〈營養三明治的身世之謎：60年代最潮的小吃，竟然是個臺美混血兒〉， ChenRebecca，故事，2020：https://storystudio.tw/article/gushi/eating-sandwich-in-keelung/

〈【吃粿冷知識】好年節吃好粿〉，邱莞仁，鏡新聞，2018：https://www. mirrormedia.mg/premium/20180305bus016/

〈拜拜祈福必備「芋粿巧」〉，JUDY HUANG，AUTOCLEAN自清，2020： https://autoclean.tw/blog/savory-taro-cake

〈體驗一趟不一樣的阿美族美食文化——阿美族部落野菜風味餐〉，米家樂—小 時候媽媽煮飯的味道，2016：https://ppt.cc/fXAmYx

嘉義市記憶庫〈方塊酥〉：https://www.chiayi.gov.tw/News_Content. aspx?n=512&s=216159

維基百科〈方塊酥〉：shorturl.at/jzJ12

〈五個鳳梨酥的秘辛，你不知道的鳳梨酥〉，旺萊山，2021：https://www. pineapplehill.com.tw/blog/posts/pineapple-cake-story

〈創匯小金磚——鳳梨酥〉，楊芙宜，台灣光華雜誌，2011：https://is.gd/ NEp64C

〈中秋節一定要吃蛋黃酥？認識3種台式傳統月餅〉，記者張雅琳，編輯陳凱 詩，自由時報，2021：https://food.ltn.com.tw/article/2979

〈蛋黃酥何以穩坐台式月餅寶座？傳統台味融合現代面貌的華麗變身〉，Ying C. 陳穎，La Vie，2021：https://www.wowlavie.com/article/ae2101192

〈蛋黃酥商機驚人 這品牌一盒喊到5千元〉，工商時報數位編輯，2021：https://ctee.com.tw/news/industry/519126.html

〈太陽餅〉，焦桐，今周刊617期，2008：https://www.businesstoday.com.tw/article/category/80730/post/200810160038/

〈太陽餅、老婆餅和奶油酥餅不一樣！差別就在…〉，陳凱詩，自由時報，2018：https://food.ltn.com.tw/article/6973

〈台中市自由路二段23號太陽堂餅店〉，陳凱紹，2006：http://slyen.org/forum/viewtopic.php?t=71

〈淡水「阿婆鐵蛋」！拎大包小包 竟然都不是「創始店」原味？〉，FLY's BLOG，東森新聞，2016：https://news.ebc.net.tw/news/living/33313

〈請不要再買淡水的阿婆鐵蛋〉，80後IT人部落，2010：http://80itguy.blogspot.com/2010/04/blog-post_29.html

〈蛋煮越久營養失分多 專家：越原味越好〉，趙敏，上下游新聞，2015：https://www.newsmarket.com.tw/blog/68984/

〈鹿港牛舌餅—古早庶民點心變身知名伴手禮！〉，記者陳淑慧，編輯陳凱詩，自由時報，2017：https://food.ltn.com.tw/article/105

〈臺灣甜品 牛舌餅〉，焦桐，中華日報，2013：http://ncusec.ncu.edu.tw/news/press_content.php?P_ID=16465

〈百年老店雪花齋——為「島內製菓」爭一口氣〉，李佳芳，獨立評論，2017：https://opinion.cw.com.tw/blog/profile/390/article/5284

〈台式糕餅綠豆椪__仕紳一起想出的產品點子〉，國家公園管理員，2020：https://www.nationalparktpe.com/blogs/storiesoftaiwanpastry/mungcake

〈綠豆椪〉，張尊禎，《我的幸福糕餅鋪：台味點心50選》，遠流，2015：https://www.ylib.com/search/qus_show.asp?BookNo=L0334

〈九降風起的金黃寶藏 新埔柿餅蘊含的美味秘密〉，巫鴻瑋，橘世代，2020：https://orange.udn.com/orange/story/121311/5030191

〈新竹柿餅為什麼特別有名？全靠「這陣風」！〉，吳書緯，自由時報，2018：https://food.ltn.com.tw/article/7137

〈擔仔麵、切仔麵、擔擔麵有什麼不同？資深美食家親自解惑，原來很多人都搞錯啦！〉，鞭神老師，《尋食記：鞭神老師的超時空台灣美食》遠流出版，2022：https://www.storm.mg/lifestyle/4168104?page=1

〈府城古食】飄香百年，安平港邊的擔仔麵風華〉，黃悅瑄，文化銀行，2018：http://bankofculture.com/archives/3645

〈雲林北港傳統早點－煎盤粿〉iSee Taiwan特色料理故事大募集計畫，看見台灣基金會：https://taiwanflavor.iseetaiwan.org/review-content.php?id=34

〈「充滿飽足感的早餐－北港陳家煎盤粿」〉，參伍事，方格子，2022：https://vocus.cc/article/625f2b49fd89780001b7966b

〈無限可能的肉粿〉，陳淑華，上下游副刊，2021：https://www.newsmarket.com.tw/mag/8191

〈蝦仁蓋飯和蝦仁飯兄弟的故事〉，魚夫，遠見華人精英論壇，2018：https://gvlf.gvm.com.tw/article/59497

〈【台南美食】矮仔成蝦仁飯，世代相傳的好口味～吃了令人欲罷不能！〉，倫敦男孩，2010：https://boylondon.tw/2010-01-02-312/

〈北肉南魚又一例，來說小卷米粉〉，魚夫，獨立評論，2018：https://opinion.cw.com.tw/blog/profile/194/article/7549

〈謎因之台南牛肉湯〉，米果，獨立評論，2020：https://opinion.cw.com.tw/blog/profile/57/article/8895

〈濃郁甘甜牛肉湯：台南人何時開始吃起牛雜與蔬果炆在一起的好滋味？〉，魚夫，食力，2019：https://www.foodnext.net/life/culture/paper/5593290877

〈台味沙鍋魚頭〉，陳靜宜，料理.台灣，2019：

〈【食有魚】一魚兩吃：來說林聰明沙鍋魚頭〉，魚夫，天下文化，2016：https://bookzone.cwgv.com.tw/topic/3557

〈被世界看見的台灣小吃：林聰明沙鍋魚頭的三代創新〉，林蔚靜，VERSE，2022：https://www.verse.com.tw/article/sounds-of-the-south-smart-fish

〈內行人才知！嘉義古早味小吃 魚夫領路報你知〉，2017，民視新聞：https://www.ftvnews.com.tw/news/detail/2017A16T87M1

〈【食有魚】無看板美食 嘉義菜鴨魯熟肉〉，魚夫，天下文化，2016：https://bookzone.cwgv.com.tw/topic/2683

〈在台南吃下午茶？內行饕客才懂這一味 —— 香腸熟肉〉，魚夫，食力，2019：https://www.foodnext.net/life/culture/paper/5852281044

〈玉米飲食文化〉，食農教育教學資源平台：https://fae.coa.gov.tw/food_item.php?type=AS08&id=151

〈屢有爭議的「烤玉米」，其實是三種不同做法的小吃〉，莫羽，太報，2021：https://www.taisounds.com/news/content/94/17199

〈街邊攤商（69）：烤玉米〉，新世語文化有限公司撰寫，國家文化記憶庫，2020：https://memory.culture.tw/Home/Detail?Id=331567&IndexCode=Culture_Object

〈街邊攤商（114）：烤玉米〉，新世語文化有限公司撰寫，國家文化記憶庫，2020：https://memory.culture.tw/Home/Detail?Id=150806&IndexCode=Culture_Object#

〈街邊攤商（63）：烤玉米〉，新世語文化有限公司撰寫，國家文化記憶庫，2020：https://memory.culture.tw/Home/Detail?Id=331557&IndexCode=Culture_Object

〈誰最早用「石頭鄉」？ 賭神電影成證據〉，記者朱怡蓉、顧守昌，攝影蘇泰盈，TVBS報導，2011：https://news.tvbs.com.tw/local/56117

〈【玉米圖鑑】白玉米甜玉米糯玉米你愛吃哪一種？玉米顏色為何多彩？來看玉米的10個秘密〉，林怡均，上下游，2021：https://www.newsmarket.com.tw/blog/158149/

維基百科〈菱角〉：https://zh.wikipedia.org/zh-tw/%E8%8F%B1%E8%A7%92

〈彰化菱角酥 季節限定「台灣版泡芙」〉劉曉欣，自由時報，2017：https://news.ltn.com.tw/news/life/breakingnews/2230742

〈疫情嚴峻！廟東美食街生意大受影響 菱酥角前仍大排長龍〉歐素美，自由時報，2021：https://news.ltn.com.tw/news/life/breakingnews/3534195

〈菱角酥 店家簡介〉，「Enjoy Taichung Enjoy Food」撰寫，2013：http://library.taiwanschoolnet.org/cyberfair2013/etef_505/int5.html

〈雉在官田〉，陳佳利採訪/撰稿，張光宗攝影/剪輯，我們的島，2015：https://ourisland.pts.org.tw/content/2305

維基百科〈蛋捲〉：https://zh.wikipedia.org/zh-tw/%E9%B8%A1%E8%9B%8B%E5%8D%B7

〈每根都是花13秒！福義軒創辦人次子曝台灣蛋捲史：香港傳過來的〉，鏡週刊圖文，ETToday新聞雲，2017：https://www.ettoday.net/news/20171212/1070490.htm

〈喜年來蛋捲 過往台灣人年節伴手禮首選〉，林玉婷、嚴永龍採訪，嚴永龍撰文，食力，2018：https://www.foodnext.net/issue/paper/5975123939

🥯 網站

美印臺南：https://creativetainan.culture.tainan.gov.tw/index.php?temp=tainan&lang=cht

得意蝦餅：https://deyi-xiabing.tw/

淡水維基館：https://is.gd/wilgqW

圖文不符：https://www.facebook.com/simpleinfo/

牛肉麵節專屬網站：http://tbnf.com.tw/main.htm

農糧署全球資訊網〈綠豆〉：https://is.gd/A5PnqJ

籃記東山鴨頭：http://www.landuck.com.tw/dongshan.php

林聰明沙鍋魚頭：http://www.smartfish.com.tw/

正鴨肉興老店：https://www.aha-shi.com.tw/

巫記青蛙下蛋：http://www.chtime.com.tw/product/p15983766

文化部社區通：http://sixstar.moc.gov.tw/blog/liancun

漁業問答：https://www.tfrin.gov.tw/News_Content.aspx?n=310&s=34627

遠東泡泡冰：https://www.keelungice.com/

福義軒：https://www.fuyishan.com.tw/about/history

喜年來：https://www.serenafoods.com.tw/ec99/eggroll/category.asp?category_id=66

六月初一8結蛋捲：https://www.june1.com.tw/website/aboutus_detail/2

 影片

科學小原子#46 魯凱族 石板烤肉：https://www.youtube.com/watch?v=Fj1Dd6lq7kM

國家圖書館出版品預行編目（CIP）資料

呷小吃，知台味：101道台灣小吃，讓你知道在地古早
味背後的故事／沈慈雅編著. -- 初版. -- 臺中市：晨星
出版有限公司，2023.10
　　面；　公分. --（看懂一本通；016）

ISBN 978-626-320-608-3（平裝）

1.CST: 飲食風俗　2.CST: 小吃　3.CST: 臺灣

538.7833　　　　　　　　　　　　　　　112012471

看懂一本通 016

呷小吃，知台味
101道台灣小吃，讓你知道在地古早味背後的故事

作者	沈慈雅
企劃&部分文章編撰	王韻潔
部分文章編撰&編輯	許宸碩
校對	許宸碩
封面設計	戴佳琪
美術設計	黃偵瑜

創辦人	陳銘民
發行所	晨星出版有限公司
	407台中市西屯區工業30路1號1樓
	TEL：04-23595820　FAX：04-23550581
	E-mail:service@morningstar.com.tw
	http://www.morningstar.com.tw
	行政院新聞局局版台業字第2500號
法律顧問	陳思成律師
初版	西元2023年10月15日　初版1刷

歡迎掃描 QR CODE，
填線上回函

讀者服務專線	TEL:（02）23672044 /（04）23595819#212
讀者傳真專線	FAX:（02）23635741 /（04）23595493
讀者專用信箱	service@morningstar.com.tw
網路書店	http://www.morningstar.com.tw
郵政劃撥	15060393（知己圖書股份有限公司）
印刷	上好印刷股份有限公司

定價 450 元
（如書籍有缺頁或破損，請寄回更換）
ISBN：978-626-320-608-3

Published by Morning Star Publishing Inc.
Printed in Taiwan